21世紀のタイム・マネジメント

卓越した生産性を実現する

5つの選択

コリー・コーゴン
アダム・メリル、リーナ・リンネ 著

フランクリン・コヴィー・ジャパン訳

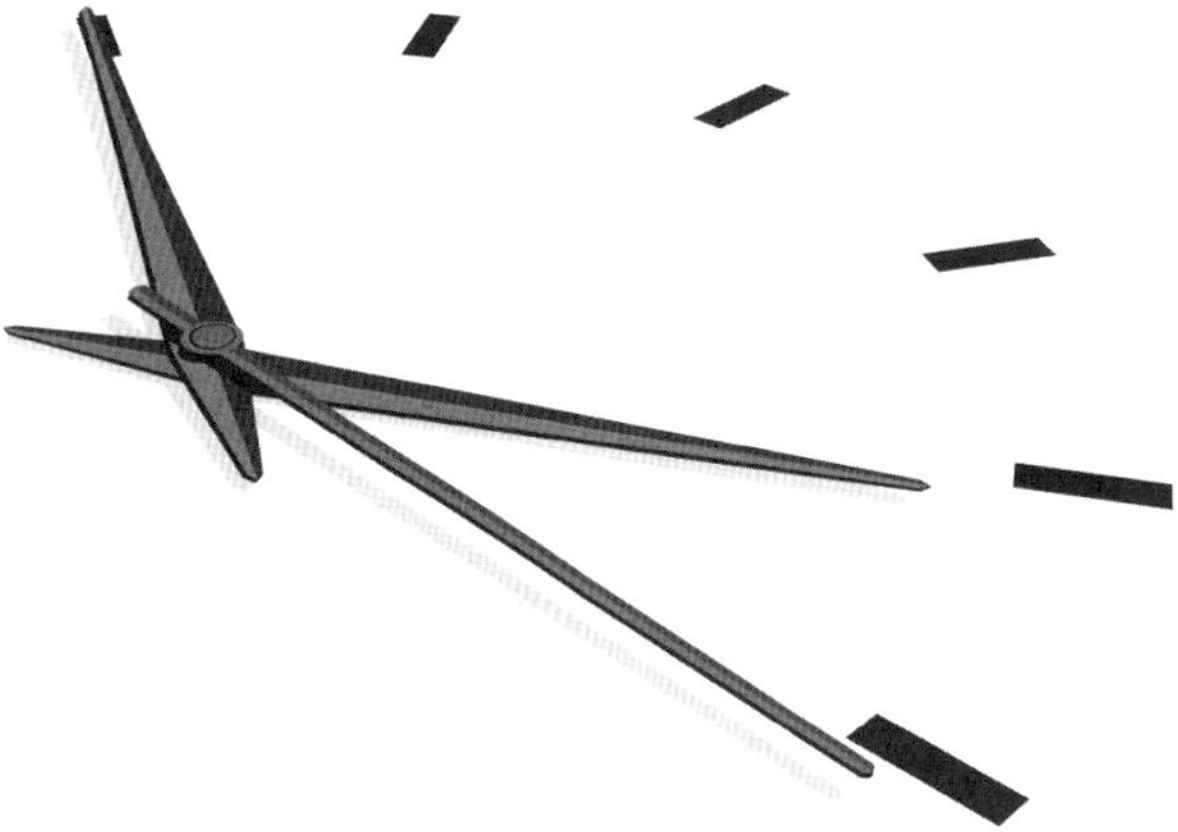

キングベアー出版

First published in Great Britain by Simon & Schuster UK Ltd, 2015
A CBS COMPANY

『5つの選択』を推薦します

フランクリン・コヴィー社の研究者やコンサルタントほど、時間管理や生産性の問題を深く理解している人はいないでしょう。『5つの選択』は、仕事でもプライベートでも、圧倒的な量の負荷に対処し、自分の潜在能力を十分に花開かせるのに役立つ、斬新でエキサイティングで、何よりも実用的な洞察を与えてくれます。

――**コロンビア大学ビジネススクール、モチベーション・サイエンス・センター共同ディレクターで『9 Things Successful People Do Differently』などのベストセラーの著者、ハイディ・グラント・ハルバーソン博士**

こうした激動の時代、その反面チャンスも豊富な時代における真のニーズに真っ向から取り組んだ、実にタイムリーな一冊です。

――**フォーブス・メディア社会長兼主筆、スティーブ・フォーブス**

ワーキング・マザーである私は、家事に仕事に大忙しの毎日です。生産的であり続けるということは、素晴らしいことです。自分の時間や脳、ハイテク機器をもっと効果的に活用して自分の仕事や健全な精神、そして何よりも大切な人間関係を常に優先するにはどうしたらよいかについて『5つの選択』は、スティーブン・R・コヴィー博士の優れた原則をベースに、最高のアイデアを紹介してくれています。本当に素晴らしいですね。

——JDA社（サプライチェーン管理会社）人材管理担当グローバル副社長、ジル・クラーク

日々とてつもないストレスを抱え、消耗しきっている私たちに、『5つの選択』は答えを示してくれます。一日二四時間通信が可能な今日、これらの選択を実践すれば、何にでも手を出すのではなく、やるべきことを成し遂げ、毎日の終わりに大きな成果を達成できたという満足感に浸ることができるのです。

——マイクロソフト社最高執行責任者、ケビン・ターナー

生産性という今日的な問題を取り上げて、徹底した調査に基づく洞察に満ち、しかも簡単かつ実用的で日々応用可能な解決策がいっぱい詰まった、実に優れた本です。『5つの選択』は、時間管理と優先順位づけのヒント、神経科学理論の応用、ハイテク技術に潰されないための対処法、そして心身のエネルギーを管理するための指針といった切実なテーマを網羅しています。紹介されているツールや助言を活用すれば、仕事面でより大きな成功を手にできるのみならず、より健康でバランスのとれた生活が可能になると思います。

――トランザメリカ社組織開発・人材管理担当取締役、ブランドン・ウェイド・アンダーソン博士

『5つの選択』は、脳や集中力の管理に関する知識を見事に整理してくれています。大量かつ複雑な研究成果が、利用しやすく、理解しやすく、なおかつ実用的な一連のステップというかたちでまとめられており、あらゆる場面で生産性の向上に役立つことでしょう。

――ニューロリーダーシップ・インスティテュート理事長、デイビッド・ロック博士

私は毎日とても忙しく、精力的に動き回ることが求められ、ときに押し潰されそうになることもあります。大きな企業の幹部として、ワーキング・マザーとして、そしてNCAA（全米大学体育協会）一部リーグのヘッドコーチの妻として、いつも流れに逆らって泳いでいるような感じです。朝早く起き、子どもたちを学校に送り出し、出張し、カンファレンスコールや会議、学校の課外活動やコミュニティ行事にも参加するのですから。ところが、乗馬で大怪我をして静養していたとき、この本と出会いました。それ以来、私の仕事や時間だけでなく、私の人生を管理するための、時代を超越した原則、ヒント、テクニックを応用しています。その効果たるや絶大でした。おかげで、家族との時間をより多くとれるようになったばかりか、私の作業チームを指導したりしながら、健康を回復することもできました。忙しい日々を過ごしている方、もっと充足感を味わいたいという方、『5つの選択』はまさに必読書です。

――マンハイム&オートトレーダー・グループ、ラーニング&デリバリー担当上級ディレクター、

タベサ・テイラー

人は人生でときどき、「ゲームチェンジャー」なるものに出くわすことがあります。ゲームチェンジャーとは、考え方や結果を一変させるようなきっかけのことです。『5つの選択』の中で紹介されている原則やツールを理解するにつれて、私はまさにゲームチェンジャーと出会ったと思いました。私はこの本からいろいろな洞察とツールを得ました。おかげで、私個人の基準を引き上げたり、より調和した生活を送ったり、プライベートと仕事の両面で重要な目標の達成確率を上げたりといったことが可能になったように思います。この本のすごいところは、リアルタイムでの「実行可能性」にあります。「卓越した生産性」をもって生きたいと願うタイプの人にとって、究極の一冊といえるでしょう。

――チーム・ビーチボディー、グローバルセールス担当上級副社長、ジェフ・ヒル

この本を読んで私が「なるほど！」と思ったのは、急ぎの用件が必ずしも重要な用件ではないということです。つまり、誇るべきは忙しいことではなく、重要な成果を成し遂げることなのです。このパラダイムシフトが私の生き方、そして私の周囲にいる人たちの生き方を変えつつあります。

――ヒルトン・ワールドワイド・ユニバーシティ最高人材育成責任者、キモ・キッペン

『5つの選択』は、私がこれまでにもっとも感銘を受けた『7つの習慣』(キングベアー出版)を完璧に補完する本だと思います。「今日の目まぐるしく変化し、相互に関わり合っている世界では、卓越した生産性を達成することはより簡単でもあり、困難でもある」という今日のパラドックスに対して、シンプルかつ有意義な解決策を提供してくれるからです。この本はあなた自身、そしてあなたの組織が卓越した存在になる方法をきっと教えてくれることでしょう。

――ネスレ・リテール・オペレーションズ・センター副社長、スティーブ・ランドル

私は一人の女性として、役割をいくつかこなしつつ、また職場と家庭のいろいろな要求をバランスよく満たしながら毎日達成感を味わうことができたら、と願っています。『5つの選択』はそんな私に、日々集中をそらす原因を克服し、時間や集中力やエネルギーを費やす対象について重要な判断を行うための実用的指針を示してくれます。公私両面において、まさにゲームチェンジャーというべき一冊です。

――アヴネット社トレーニング&デリバリーサービス/人材開発マネージャー、マーティー・ドローデ

『5つの選択』は、プライベートで役立つだけではありません。その実用的な洞察は、部下たちが最高水準のパフォーマンスを発揮できる文化を創造しようと努力している、いろいろな方面のリーダーたちにもきっと参考になるでしょう。本書を読めば、適切なことを成し遂げる能力が身につくこと請け合いです。

——『一分間マネージャー』（ダイヤモンド社）および『リーダーシップ論』（ダイヤモンド社）の共著者、ケン・ブランチャード

「脳の羨望」を生じさせるための第一歩は、脳をもっと健全にしたいという強い意志です。『5つの選択』は、肉体的にも精神的にも「燃え尽きることなく、燃え上がる」術《すべ》を教えてくれます。この本を参考にすれば、重要なことにフォーカスした新たな生き方が身につくことでしょう。

——エーメン・クリニック、ダニエル・G・エーメン医学博士

5つの選択が、よく整理された明快な文章で説明されています。これを読めば、危機への対処や適切な意思決定が可能になり、達成感を胸に一日を終えられることでしょう。意義深い、充実した人生を送りたいと思う方には、必読の書です。

——『Driven to Distraction』の共著者、エドワード・M・ハロウェル医学博士

業種やポジションが何であれ、仕事での生産性を上げることは決して夢ではありません。『5つの選択』は、人を内面から変えることによって充実した職業人生を実現させようというアプローチを採用しており、実用的で現実的な素晴らしい道しるべといえます。

——生産性の専門家。著書『Organizing from the Inside Out』はニューヨーク・タイムズ紙のベストセラー書、ジュリー・モーゲンスターン

フランクリン・コヴィー社がまたもや、卓越した生産性を実現するための青写真を示してくれました。『5つの選択』が目下、もっとも売れているAMA研修プログラムの一つであることは、フランクリン・コヴィー社のトレーニング・パートナーとして実に当然のことだと感じています。

——AMA（米国経営管理学会）会長兼CEO、エドワード・T・ライリー

世の中はますます複雑化しており、私たちは日々忙しさに追われています。人々はより長時間の労働を強いられる中、ワーク・ライフ・バランスという職業人および一個人としてのコミットメントを果たそうと必死です。私たちは誰しもが、できるだけ効率的、生産的に事を行う方法を模索しています。最優先事項に照準を合わせてエネルギーを集中的に投入する現実的かつ有益な手法、それがこの『5つの選択』には詰まっています。

――ペプシコ傘下のフリトレー社人材管理・開発担当上級ディレクター、ジェフ・ジョンソン

フランクリン・コヴィー社は何十年にもわたり、人々がより効果的な行動を通じて、それぞれの目的や夢を実現するお手伝いをしてきました。『5つの選択』の著者たちは、そうしたフランクリン・コヴィー社の価値ある実績を基礎に、「緊急性」につられることなく、重要な事柄に意識を集中するための洞察に満ちた原則とツールを読者に教えてくれています。一日中懸命に働いているのに、周囲からの要求に大半の時間を奪われ、自分がやろうと思うことをする時間がなかなかとれない――そんな不満を抱いている方に本書をお薦めしたいと思います。

――ジェットブルー航空会長、ジョエル・ピーターソン

『5つの選択』は、何て素晴らしい本なんでしょう。組織において卓越した生産性を発揮できる人材を育てることは、私たちが継続的に取り組まなければならないテーマです。強い熱意を維持しつつ、さらに素晴らしい成果を上げたい。そうした全業界のマネージャーたちの願望を後押しする目的で世に送り出された、実践的でタイムリーな一冊です。

——ベストウェスタン・インターナショナル社副社長、バーバラ・S・ブラス

集中を奪う原因が氾濫《はんらん》し、変化が目まぐるしい今の時代、意図的で意義深い意思決定を実行し、意識を集中し続けることは実に困難です。しかし、この本にはそれを可能にするツールが満載です。私はこの本が提唱する「5つの選択」を、自分自身でも、またレゴエデュケーションの私のチームにも応用してきた結果、そう確信しました。生産性を高めるとともに、社員たちが自分の仕事と生活をうまく調和させるのに、この本はとても有効であると。

——レゴエデュケーション デンマーク本社社長、ジェイコブ・クラッグ

この本は、自動操縦機能をオフにして、自分の意識や時間の使い道を意図的に選択し、そして、毎日もっとも重要なことを実行する、そういう生き方を提言しています。

――**モホーク・インダストリーズ社組織有効性担当上級ディレクター、ジェフリー・ボイド博士**

「お願い、止まって。ここで降りたいんです!」って叫びたくなったことは、ありませんか? あるという方は、この本を読むといいでしょう。『5つの選択』は、始終「厳戒態勢」的な精神構造から、「やればできる」という戦略的な考え方へと切り替えるための指針を示してくれるからです。集中力を散漫にする原因が目障りなほど飛び交っている中で価値ある判断をし、意識の集中を保つのに必要な頭脳の筋肉をつけてくれる一冊です。単なる知識としてでなく、自分の身体に覚え込ませることが重要でしょう。

――**『トレーニング』誌編集長、ローリー・フリーフェルド**

『5つの選択』はあの『7つの習慣』の価値ある姉妹書として、実にタイムリーな一冊です。四六時中通信が可能で、目まぐるしく変化する現代を無事生き抜くのに役立つ、実用的で生産的なツールを与えてくれます。この二冊が組み合わさることによって、より優れた業績を達成し、より健康的で満ち足りた人生を送るための指針が完成するといっていいでしょう。

――キンバリークラーク社グローバル人材管理・人的資源オペレーションズ担当副社長、
ジョン・スコット・ボストン

　弊社ハルトンでは、我々営業部門がほかに先駆けて『5つの選択』を導入し、今では世界三〇ヵ国のスタッフ全員が活用しています。この研修とフォローアップは、わが社の企業文化を大きく変えました。「5つの選択の共通言語」を習得し、「5つの選択」ツールを全社的に採用しています。我々の会話は今や、個人、チーム、会社のどのレベルにおいても、「何が緊急か」よりも「何が重要か」ということがテーマになっています。この原則のおかげで、私個人としてはCEOとしてより効果的に業務を遂行できるようになりました。一企業としてのハルトンの近年における成功は、社員たちが「5つの選択」の原則を実践していることの証しだと思っています。この原則は、個人および組織としての効果性を向上させたいと願っているすべての企業にお薦めできるものです。

――ハルトングループ（本社フィンランド）CEO、ヘイッキ・リンネ

スティーブン・R・コヴィー博士に捧ぐ

目次

第2の選択　平凡に満足せず、卓越を目指す

はじめに
あなたは生き埋め状態になっていないか

足元で機体の揺れを感じたジェイボンは、ハッとして目を開けた。辺りを見回すと、単なる乱気流によるものだとわかった……そして彼は再び眠りに落ちた。

資料に目を走らせようとするも睡魔には勝てず、この一時間ほどうとうとしていた。「何でこんな飛行機に乗っているんだ。本来なら、カリシャと家にいるはずだったのに」彼は心の中でそう愚痴った。結婚してまだ数ヵ月、新居に引っ越す準備を進めているところだった。思いもよらぬ、突然の出張である。

まさに最悪のタイミングだった。カリシャは引っ越しに向けてしばらく休暇をとっており、ジェイボンも同じだったのだが、彼の会社のある得意先から技術サポートの緊急な要請が舞い込み、休みを返上しての業務指令が出たのだ。「少なくとも今のところ、誰からもメールは来ていない。これが夜行便で飛ぶときのせめてものメリットかな」彼はつぶやくように言った。

彼は息苦しい感じがする三人掛けの真ん中の席で身体を後ろに滑らせ、次々と危機的状況に見舞われたこの数週間を思い起こした。小さいながらも成長を続けているソフトウェア会社の開発責任者の一人として、彼は目まぐるしいほどのスケジュールをこなしていた。最近、チームリーダーとしての仕事が増え、より大勢の人に対応しなければならない立場になった。販売チームから質問を受けたり、部下の開発スタッフから課題を持ち込まれたり、数多くの意思決定を担っていた。彼の電子メールやインスタントメッセンジャー、携帯のメールには、ほかの者では対応できない質問がずらっと並んでいた。彼の毎日は、今座っているこの真ん中の席のように窮屈で、そうした状況がさらに深刻さを増していた。

二年前にこの仕事に就いた当時、彼は会社とその将来性に大いに魅力を感じていた。ソフトウェアを商品として製作・販売する会社で、プログラミングは彼の好きな仕事だった。カリシャも働いていたが、ゆくゆくは結婚するつもりで、子どもを生み育てられるような家を探し始めていた。「けど、この調子じゃ、子どもをつくるどころじゃないな。結婚するのさえ無理かもしれない」彼はそう思った。

一方、カリシャも仕事に追われていた。彼女は小売業界に身を置き、ブティック数軒の経営に携わっていた。店は夜まで開いているので、夜遅く帰宅する毎日だった。さらに、スタッフから病欠の電話が入った場合の翌日のスケジュール調整、在庫のチェックなど、家で仕事をすることもしばしばだった。

こうしたことをあれこれ考えているうちに、ジェイボンはかつて経験したことのない気持ちに襲われていた。絶望感だった。「こんな生活がいつまで続くんだろう」彼はそう思った。

これはよく耳にする話だろう。

あなたは今こうした状況にはないかもしれないが、同感できる部分はあるのではないか。そして、あなたが本書を手に取ったきっかけはおそらく、次の二つのうちのどちらかだろう。

1．生産性を高める方法を知りたい

仕事にはうまく対応できているが、もっと向上させたい、時間管理を改善して日々の効率を上げたい、などとあなたは思っているのかもしれない。また、もっと貢献したい、キャリアを積みたい、自分の大切な人たちと過ごす時間を増やしたい、いくつかの本当に重要な目標を達成したい、そんな希望を抱いている人もいるだろう。

2. 毎日生き埋めにされているようで、このままでは潰されてしまいそうだ

あなたは先ほどのジェイボンと同様に、山のような用事や催促、意思決定に一日中追われてもがき苦しんでいるのだろうか。仕事とプライベートのバランスが崩れ、自分の時間がほとんどとれないと感じているのかもしれない。健康や人間関係の問題を抱え、その日その日を生きるだけで精いっぱいという人もいるかもしれない。すぐにどこかを変えないと、どうなってしまうかわからない、と。

このどちらかに、または部分的に共感するという方がほとんどではないだろうか。著者の経験からして、人生の目的を達成することの難しさを痛感している人がますます増えているように思う。輝かしい未来を頭の中に描きつつも、次々と発生する用事に追いかけられ、何とか前進しようとしても自分だけ置いて行かれるようで不安に駆られるのだ。やればやるほど仕事が増える、と感じている人は多いはずだ。タスクやアポイントメント、義務や責任が次から次へと生じる。これらの小さな石がぎっしりと積み上がった巨大な山がいつか崩れ落ちてきて、生き埋めになりそうだ。そんな気分になることもあるだろう。

あなたがこうした小さな石の中から抜け出し、新鮮な空気を吸い、あなた本来の人生を取り戻す一助となること、それが本書の目的である。そうした思いから、困難な状況を転換させるための原則、手法、ツール、あなたに次々と降りかかってくるさまざまな「緊急事項」を克服する実用的な方法を提示していくつもりだ。

飲めばたちどころに治る魔法の薬など存在しないのだから、ある程度の努力は必要だが、すぐに実行でき、あなたの人生に計り知れない効果を及ぼす、シンプルかつ強力なヒントが各章に詰め込まれている。

これらを一度に一つずつ実行していくと、あなたを取り巻く状況はガラリと変わっていくはずだ。生き埋め状態を脱し、より生産的で充実感を味わいながら前に進むことができるだろう。また、重要な事柄を把握し、そこに意識を集中させることによって、毎日の終わりに真の達成感が得られるだろう。

生産性のパラドックス

人類史上、今日ほど卓越した成果を成し遂げられる可能性に満ちた時代はない。その大きな原因は飛躍的に向上したハイテク技術であり、これが生産性を向上させた。

生産性のパラドックス
卓越した生産性を実現させ、達成感を味わうことは、これまで以上に容易であると同時に困難でもある。

こうした今日のテクノロジーをもってすれば、バングラデシュの子どもが世界最高の教師から代数を学ぶことも夢ではない。世界中の人々が瞬時にお互いの顔と顔を見ながら、リアルタイムで協力し合うことも可能だ。世界最大級の蔵書にアクセスし、いろいろな場所で自分の考えを人々に発表することだってできる。現代技術は医療行為を進歩させ、人間の遺伝子情報を解読したほか、政府を転覆させたり、国家機密を暴露したり、不正を暴き出したりすることも可能にしている。

相互ネットワーク、処理能力、皮膚温度から血流に至るまであらゆる数値を測定するウェアラブル技術の進化は、私たちの生き方や考え方と私たちが使用するテクノロジーとをますます不可分な関係にしつつある。しかも、こうした革命的進歩はまだ始まったばかりである。

ところが皮肉なことに、まさにこうしたテクノロジーが、私たちにとって意義ある事柄の達成をこれまで以上に難しくする可能性がある。

今日の技術進歩が情報の流入を可能にした結果、私たちは結局、さほど重要でない仕事や用事に意識を奪われている。テクノロジーは、世界のどこからでも私たちのポストに何かを放り込み、単に拒否することも含め何らかの対応を求めてくる。とめどもなく押し寄せてくる情報で生き埋めになるということは、もっと有意義な活動に費やすべきエネルギーを奪い取られないように拒否することも含め何らかの対応を求めてくるということだ。

成功とは本来、「自分の卓越性を実感できるほどの集中力とクオリティでもって重要な事柄を成し遂げること」であるはずだ。ところが、私たちはえてして、「単に期限までに何かを成し遂げること（実際はほとんど不可能なのに！）」と勘違いしてしまっている。

科学技術が私たちの仕事を高度化し、スピードアップさせた結果、私たちの生活も影響を受け、人々はかつてないほど当惑させられている。すべき事柄の山に埋もれてしまっただけでなく、それらを処理する能力まで奪われたかのごとく感じている。仕事をしているときもしていないときも、始終ストレスを受け、心は動揺し不安から逃れられないでいる。悩みと苛立ちが半永久的に続き、それが私たちの文化に充満し、私たちの自信と喜びを奪い取るのだ。こうして生産性のパラドックスは広範囲な人々に犠牲を強いており、このパラドックスを手なずけ、有効に活用する術《すべ》を知らない人たちにとっては、ますます厄介なものになっていく。
次の三つが生産性のパラドックスを生じさせる主要な原因だ。

原因一：現代は意思決定機会が以前より増えている

世界的に工業化が進んだ二〇世紀初頭、作業のオートメーション化が生産性を大幅に上昇させた。作業は誰にでもできる反復可能な小単位に分割され、流れ作業方式が導入された。その結果、企業単位でも国単位でも、はるかに大規模に製品を生産できるようになった。こうした生産能力の大規模化が二〇世紀の富を創造したといえる。

だが、二一世紀になると、価値を創出する方法が、手作業で物を組み立てる方式から、今日の複雑なプロセス、サービス、製品（ソフトウェアや高度な医療機器など）の設計・マーケティング・販売を行う創造的な頭脳労働へと変化した。今日の経済的価値は、意思決定機会の少ない作業から多い作業へと、すなわち手から頭脳へと移行したのである。

生産性を向上させるうえでの難題は、仕事を行うのに必要な意思決定機会の発生頻度が圧倒的に

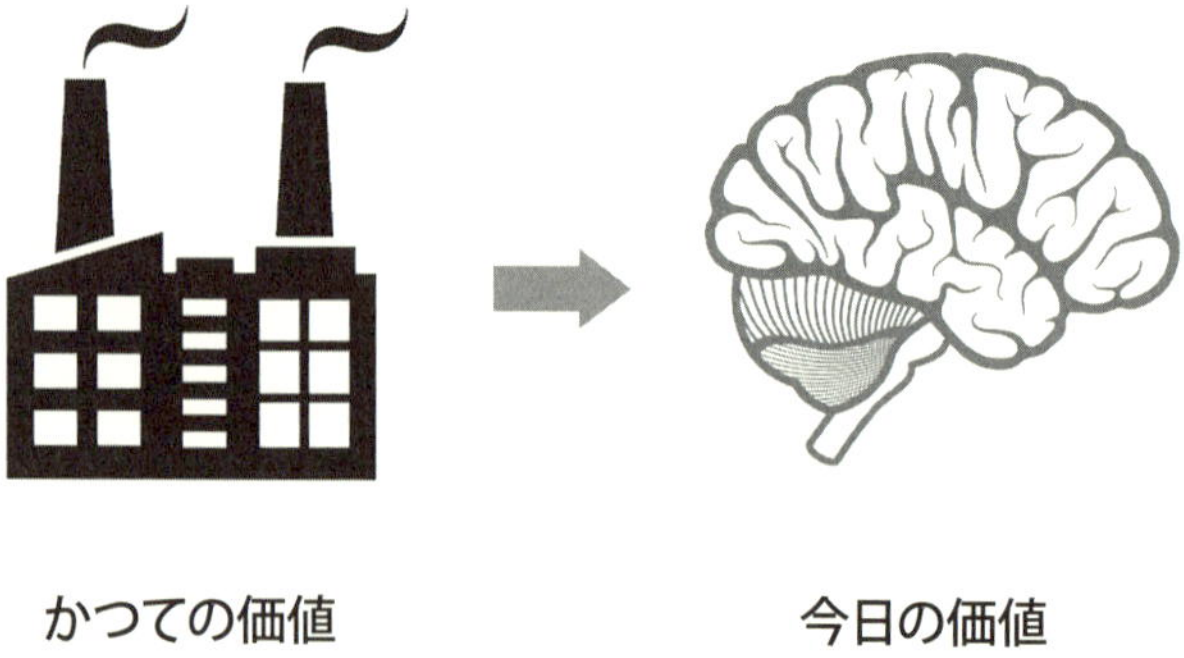

多いことだ。そして、大部分の人は献身的で勤勉なため、この流れを直線的に処理しようとする。決めるべき事柄が生じて意思決定を行う際、できるだけ効果的かつ迅速に行おうと一度に一つずつ処理し、それが終わると流れ作業のように次の意思決定へと移るのだ。

だが、重要な意味を持つ意思決定が予測可能な順番で発生するとは限らない。一直線に連なって発生するわけではないのだ。気づかないうちに過ぎ去ってしまったり、慌てるあまり最善の決定を下せなかったりすることがある。直線的ではない現実において直線的に対処しようとしても、失敗するだけだ。今日の世界では、一歩引いて全体を眺め、発生する選択機会の優先順位を考え、結果を本当に左右するものについて優れた決定を行ってこそ価値が生まれる。単に多くのことを迅速に行おうと猪突猛進しても、卓越した生産性は実現しないのだ。

『ハーバード・ビジネス・レビュー』誌で紹介された調査によると、意思決定機会がきわめて少ない単純な職種（ファストフード店の従業員など）では、成績優秀者は成績が劣る者より生産性が三倍ほど高いが、複雑さが増す職種（ハイテク工場の製造作業など）では、この数値が一二倍になるという。そして、非常に複雑な職種（ソフトウェアエンジニア、投資銀行の経営者など）では意思決定の適切性ですべてが決まるため、上位と下位の違いは測定不能なほど大きかった。[1]

あなたの仕事はどうだろうか。かなり複雑だろうか。意思決定を適切に行うことによって大きな成果が得られる領域が含まれているだろうか。そうした意思決定を質の高い方法で行うことに、あなたは時間とエネルギーを注ぐことができるだろうか。

原因二：集中力を維持することがかつてなく難しい時代

意思決定機会の多さが唯一の問題であるなら、容易に対処できるかもしれない。ところが、もう一つ大きな問題が存在する。次々と発生する意思決定機会に対応しようとしている間に、私たちの集中力がかつてないほど激しい攻撃にさらされるのだ。いろいろな雑音や広告が私たちの精神的領域に侵入し、真に重要なことに意識を集中する能力を低下させる。

こうした攻撃は、自分のハイテク機器を使っているときでも容赦なく降りかかってくる。重要な調べ物があってGoogle検索を始め、数十分間いろいろなページを閲覧しているうちに、気づいたらくだらない映像を見ていたとか、自分には何の関係もない文章を読んでいたなどということはよくある話だ。よほど意識していないと、集中力は長続きしないことの証明である。

集中力が散漫になりやすい、こうした私たちの生まれながらの性向につけ込んでくるのが、マーケティングの世界だ。スーパーボウルやワールドカップの中継の合間に流れるコマーシャルで、視聴者の意識をたった三〇秒ほど引きつけておくために何百万ドルも、何万時間もかけていることを考えてみればわかるだろう。こうした闘いは、ネット上でも日々繰り広げられている。商品や企業のポップアップ広告が揺れ動いたり、踊ったり、奇妙な音を発したりするのも、ユーザーの関心を引いて何かを購入させようという魂胆だ。ニュースや広告から一般の番組に至るまで、今日普及しているメディア・エコシステム（生態系）は基本的に、視聴者にとってもっとも価値ある知的能力である集中力を奪い合う戦場といえる。

その背後では、ドルやユーロや円、元が飛び交っており、莫大な投資の場となっている。ほんの短時間でも視聴者の注意を引こうと、広告主があの手この手を尽くすのにはそれだけ影響力があるということなのである。

だが、長時間一つのものに意識を向け続けることは、個人であれ組織であれ、難しいものだ。このことは、私たちが用いる表現からもうかがえる。何かに注意を「払っている」ということは、何らかの代償を伴っているという意識がそこに存在するのだろう。何かに意識を向けるためには、エネルギーが必要なのだ。これは単なる比喩ではなく、生物学や神経学的にもいえることなのだ。注意を集中するには努力を要するため、さほど重要でなく意識を集中する必要のない事柄に逃げ込んでしまうのである。

要するに、私たちの脳はよほど注意していないと自動操縦モードに入りたがり、刺激的なことにあれこれ目移りし、ほかに類を見ない有意義な事柄、つまり自分の日々の生活や仕事、人間関係を卓越したものにする可能性のある事柄を見逃す恐れがあるのだ。

原因三：個人もエネルギー危機に直面している

意思決定の機会が次々と生じ、かつ気を散らすものが周囲に散乱している中で、仕事に集中して取り組むことが本当にできるのだろうか。なかなか疲労が抜けないという人も多いだろう。一日を乗り切るため、コーヒーや刺激の強い栄養ドリンクといった興奮剤に頼ることもあるだろう。一日または一週間が終わると疲れ果ててベッドに倒れ込み、愛する人や趣味などに時間を費やす気にはならないかもしれない。

生産的な人生を送るには、意識とエネルギーを集中しなければならない。そのためには脳のエネルギーが不可欠だ。

ところが、技術進歩によって、あらゆることに対してひっきりなしに対応を求められる。そして、私たちは疲れ果てることがよくあり、一人ひとりがエネルギー危機に直面することになる。明瞭に考えるための活力を奮い起こそうとしてもできないのだ。知識労働が求められる今日、これは問題である。

エネルギー管理は肉体についても重要だが、それだけではなく、頭脳労働の見地からも必要になる。これもやはり単なる比喩ではなく、生物学的、神経学的にもいえることだ。人間の脳がしっかり機能するためにはブドウ糖や酸素などが必要であり、これらの物質が脳に供給される量はいくつかの要因の影響を受ける。とはいえ、私たちの労働環境は概して、脳にとってきわめて好ましくない。脳の働きの研究で知られるジョン・メディナ博士によれば、間仕切りで小さく区切られたオフィス空間は「脳の活動にとってほとんど最悪な労働環境」だそうだ。[2] このことは、過大な精神的負担を強いる非常に複雑な仕事に従事する時間が長ければ長いほど当てはまるのである。

生産性のパラドックスが及ぼす影響

ひっきりなしに発生する意思決定機会、瞬間瞬間における集中力の奪い合い、個人のエネルギーを奪い取る労働環境、生産性のパラドックスを生じさせるこれら三つの原因はいずれも、職場、家庭、コミュニティにおいてあなたが味わう達成感に大きな影響を及ぼす。

自分がやるべきことはすべてやれたか、やり残しはないか、と気になり、翌日のことを考えると不安になる。そんなぼろぼろに擦り切れた心理状態で毎日帰宅する。また、自分のこれまでの人生を振り返ると、生活の中で自分にとって重要であるのに放ったらかしにしていること、十分に築けていない人間関係、中途半端で終わっている才能や興味の存在に気づく。自分の潜在的能力や掲げている大きな目標を思いつつも、次々と飛び込んできて集中力を奪う仕事や要求によって振り回され、心が悲鳴を上げる。

こうした状況は内面的な経験であるが、定量的にとらえることも可能だ。優れた成果を上げるチャンスが以前より拡大している時代であるにもかかわらず、自分の時間、集中力、エネルギーの四割ほど、つまりは半分近くが、重要でない用件や無関係な活動に向けられていると知ったら、あなたはどう思うだろうか。

六年間に及ぶフランクリン・コヴィー社の調査で、まさにそうした実態が浮かび上がった。この調査は、アフリカ、アジア太平洋、欧州、中南米、中東、北米の三五万一六一三人を対象に実施された。回答者たちは、自分の時間の約六割は重要な事柄に振り向けられているが、残り四割ほどが自分や会社にとって重要でないことに使われていると答えた。[3]

この調査結果を知って、あなたはどう思うだろうか。「でも、少なくとも半分は超えているじゃ

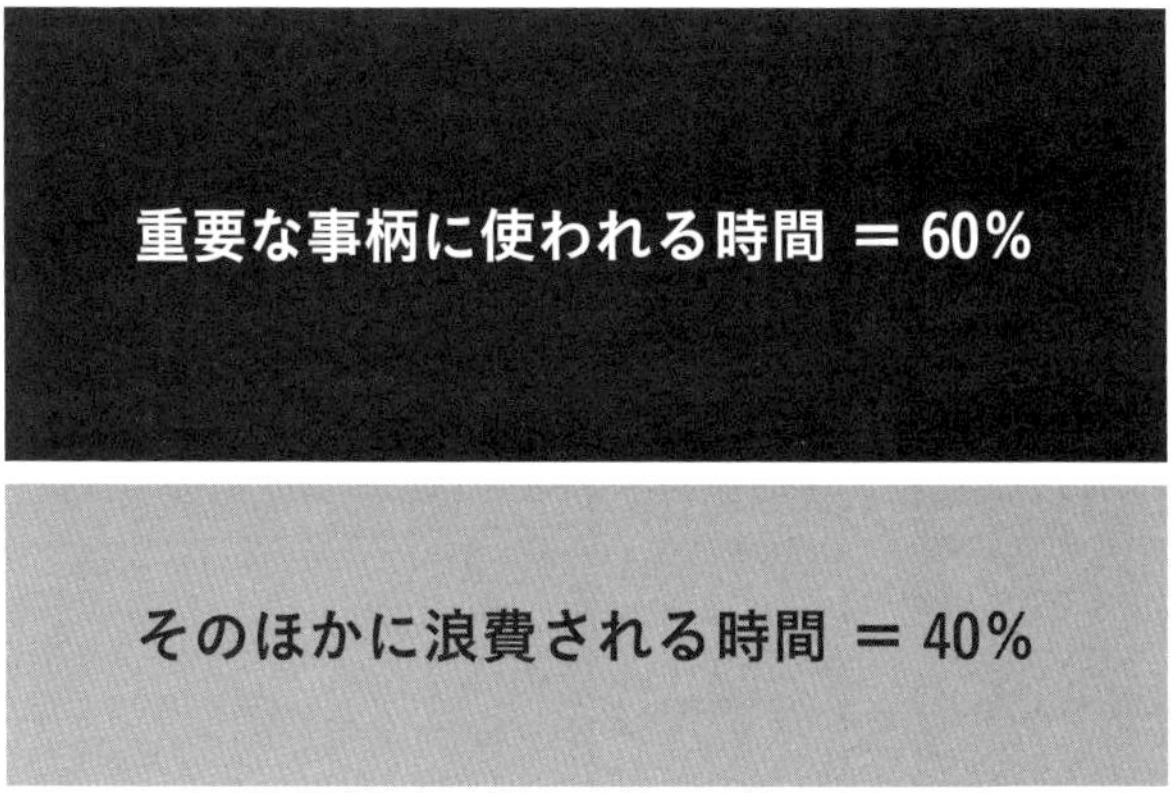

ないか」と言う人もいるかもしれない。だが、あなたの車が二回に一回しか走ってくれないとしたらどうだろう。それでよしとするだろうか。パソコンや携帯電話にしても同じだ。家の中の照明が二回に一回しか点灯しなかったら。銀行預金や投資金の半分しかリターンを生まないとしたら。あなたが応援しているチームが決勝戦に臨もうというとき、選手の半分しか姿を現さなかったら。こんな状況はとても受け入れられないだろう。にもかかわらず、自分の時間については半分以下でもよしとするのはなぜだろうか。

組織でいえば、たとえば人件費の半分ほどしか、その組織にとって重要な事柄に使われていないということになる。あなたがチームを率いる立場なら、チームのエネルギーの約半分しか、最重要目標の達成に費やされていないということだ。

具体的な数字を使って見てみよう。

あなたの組織が世界の平均的な組織であると仮定し、あなたのチームのメンバーそれぞれが年間二〇八〇時間働くとする。一週間にすれば四〇時間だ。この労働時間に四〇%という比率を掛け合わせると、あなたのチームで働くメンバー一人ひとりについて、年間八三二時間が重要でない業務に浪費されていることになる。さらに、あなたの組織または部署に五〇〇人が所属し、役職の有無を問わず全員の平均時給が五〇ドルだとする。そうすると、毎年二〇〇〇万ドル以上もの給与が無駄に支払われているということだ。

我々の経験からいえば、今日の組織における潜在的コストのうち、これこそが最たるものである。メンバーそれぞれの貴重な時間や意識、エネルギーが、大した成果を生まない事柄に費やされているということだ。

これは単なる数字のお遊びではない。社員たちは、本当に重要な仕事で最高の成果を上げるのを妨げるさまざまな刺激や要求との闘いを強いられる中、努力の半分が重要でない事柄に浪費され、彼らの献身的意欲がどれだけそがれているか考えてみてほしい。

生産性のパラドックスは実際にこうした悪影響を及ぼしているのだ。今日、卓越した仕事をすることが以前より容易になっているはずなのに、それを成し遂げることの難しさが以前より増しているように思える。そして、その影響が私たちの仕事や人間関係、充足感、さらには健康にまで及んでいるのである。

断っておくが、誰もが効率の良い機械のように休みなく働き続けるべきだ、と言っているわけではない。そうした考え方は機械中心の産業時代の話で、今日の世界では不均衡を生じ、実現性や生産性さえ疑わしい。ここで述べているのは、あなた自身やあなたの仕事にとって重要な事柄、一日の終わりに満足感が湧き上がってくるような事柄に時間とエネルギーを費やすべきだということだ。そうした事柄に費やす時間とエネルギーを少しでも増やせたら。先ほどの比率を七対三、さらには八対二にすることができたら。そうしたら、あなた自身の仕事や生活はどう変わるだろうか。

最高の仕事をしたり、もっとも重要な関係に意識を集中したり、日々の喜び、満足感、達成感を高めたりするのを妨げる原因のせめて一部でも取り除くことができたらどうだろうか。

あなたも我々と同様に、自分自身にとってもっとも貴重な財産は自分の命であり、一日一日を生きていくのに費やす時間とエネルギーであるという考え方に立てば、真に重要な事柄にもっと多くの時間とエネルギーを費やすことができるはずだと思うのではないだろうか。

卓越した生産性とは

本書でいう「卓越」とは、世界平和の仲介役を果たしてノーベル賞をもらうといった、大それた話ではない。生きることにも働くことにも全力を尽くすということ、自分がすることに全身全霊で取り組み、自分独自の才能やエネルギーを発揮するということだ。何よりも、自分が素晴らしいと思える仕事をするということだ。

あなたは今、心の中で思っているかもしれない。「それができれば確かに素晴らしいだろうが、私の仕事は型にはまっていて、それを何とかやっていくしかないんだ」と。本章の冒頭で紹介した調査で、意思決定機会がきわめて少ない単純な職種の例としてファストフード店の従業員が挙げられていたことを思い出してほしい。この仕事を頭の中で想像してもらいたい。実に細かくマニュアル化された単純な作業であり、意思決定をぎりぎりまで排除して意識を集中させ、知的能力はできるだけ必要としないように設計されている。知識労働的要素が少ない仕事だし、昔の流れ作業と何ら変わらないとあなたはそう言うかもしれない。確かにそうだろう。

だが、そうした環境下でも、他人の三倍もの生産性を発揮することは可能だろうか。

我々の友人が昼休みに、チェーン店のサンドイッチ・ショップに行ったときの話だ。サンドイッチしか期待していなかった彼女だが、忘れることのできない予想を超えるサービスを受けたという。

注文しようとしたとき、一人の店員がこのような店でよく見かける若者のように、タトゥーやピアスを全身にまとっていることに気づいた。ところが、彼に挨拶された瞬間、その笑顔には真心がこもり、全神経を集中して自分の注文を聞いてくれている、と彼女は感じた。

彼女がこの若い店員をずっと目で追っていると、彼は流れるような手つきでサンドイッチをこしらえた。仕事を楽しんでいるだけでなく、細かいことを習得し尽くしているようで、上手なダンサーか腕の立つアーティストでも見ているかのようだった。彼は作業全体をとことん考え、一連の流れをつくり出しているのであり、それが彼の見事な手さばきをいっそう引き立たせていた。

注文した品をつくり終え、心から感謝の気持ちを述べながら差し出されたとき、彼女は、自分が目の当たりにしたのは流れ作業の中の単純な労働ではないと思ったという。それは、一人の人間が心のこもった貢献をする姿であり、これこそが職人の中の職人ではないか、と。

こうした違いはどこから生まれるのだろうか。このような徹底的に管理された環境下であっても、自分のやり方次第で変えられる事柄の中でもっとも重要なものを意識的に見きわめ、そこに神経を集中させ、最高のエネルギーをその仕事に注ぎ込むということは可能なのだ。そうした行動パターンの根底にあるのは、卓越した仕事をするうえで欠かせない、より基本的な意志だった。この店員は仕事に自分のすべてを注ぎ込もうという意志を持っていたのだ。その結果、彼の仕事ぶりは段違いに生産的になり、見た目も楽しく、彼自身も満足感を味わい、お客の心にまで強く響いたのだった。

卓越した結果を生み出した状況を振り返ってみよう

彼の仕事をあなた自身の仕事と比べてみてほしい。おそらく、あなたの仕事のほうが自由度はずっと高いはずだ。あなたがこの若者のように、卓越した仕事ができたと感じたのはどのようなときだっただろうか。プロジェクトなどで最高の力を発揮したり、仕事に没頭したり、達成感を胸に眠りに就いたりしたのは、どのようなときだっただろうか。

そのような場面で、あなたの判断や集中の質はどうだっただろうか。何かに気が散りそうになってもすぐに気持ちを引き締め、自分がやっていたことに集中し続けることができただろうか。知的能力と明確な思考力をどの程度感じただろうか。

我々がワークショップなどで大勢の受講者にこうした質問をすると、彼らはしばしば不安げな表情を浮かべる。「自分はこれまで、そんな卓越した仕事をやったことがあるだろうか？」と。だが、彼らにそれぞれの優れた達成事項を思い出させることは、素晴らしい効果を生む。人は残さずやり遂げることにとかく追われ、何かを成し遂げたときの気分をじっくり味わう余裕をなかなか持てないものだ。だから、素晴らしい仕事に携わっていたときがあったことに気づくと、そのときの最高の瞬間が頭の中によみがえり、その経験について語り始める。そうすると、会場内に活気がみなぎるのだ。

毎日の終わりにその日を振り返ったとき、このような達成感を感じることができたらどんなに素晴らしいだろうか。

卓越した生産性の鍵となる5つの選択

本書を執筆するにあたって我々が前提としたことは、卓越した仕事をする能力は誰にでもあるということだ。毎日満足感と達成感を胸に眠りに就くことは、すべての人にとって可能なのである。ただし、生産性のパラドックスを克服しようと思えば、直接取り組まなければならない課題が存在する。具体的には、次の三つの分野で能力を高める必要がある。

- 意思決定の管理
- 集中力の管理
- エネルギーの管理

幸い、いくつかのことを常日頃から実践すると、これらの能力を向上させることができる。それが本書のテーマ、「5つの選択」である。この「5つの選択」は、三〇年余にわたってフランクリン・コヴィーで教えられてきた、人間の生産性に関する不変の原則に基づいたものである。また、

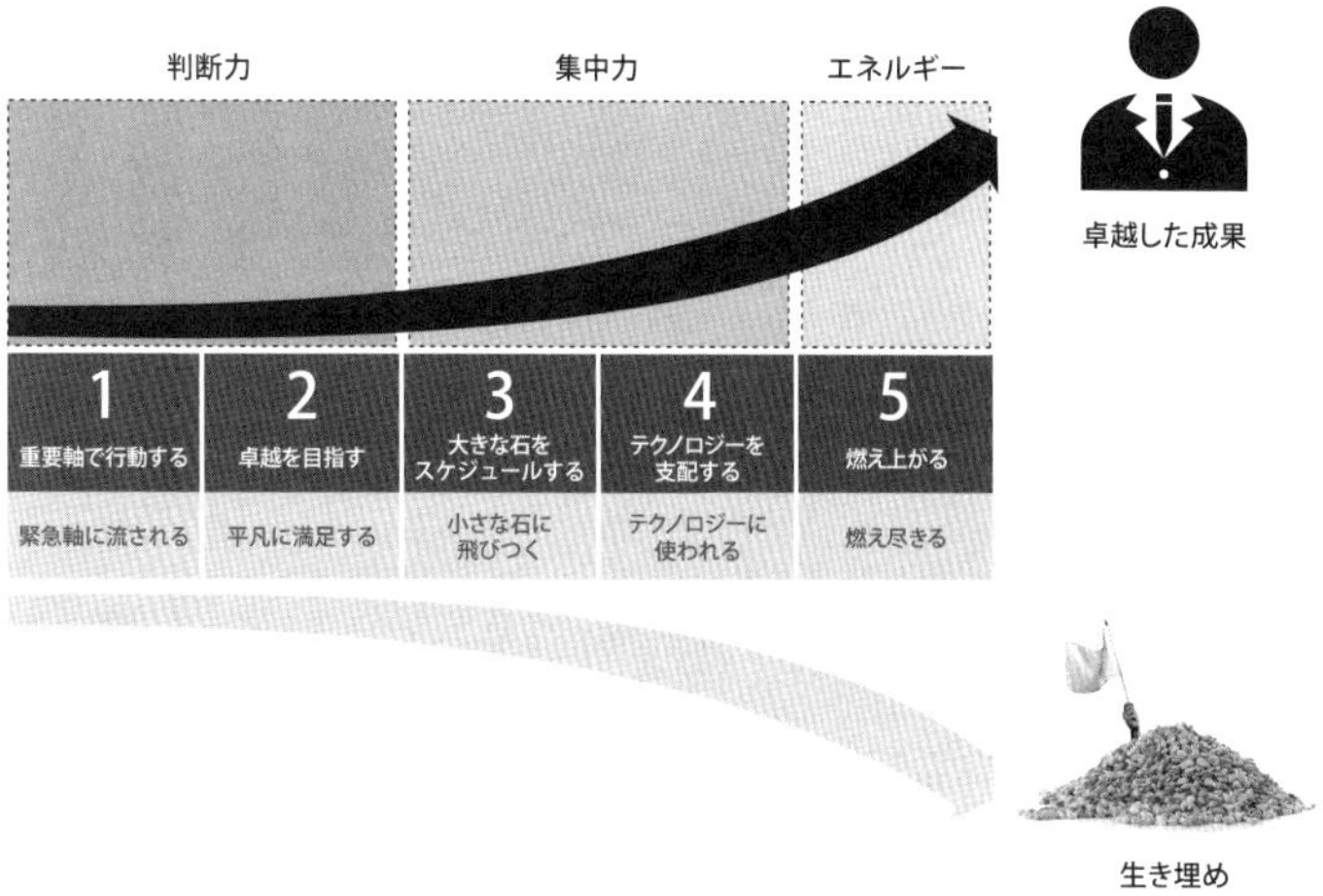

脳科学、生物学、テクノロジー、パフォーマンス心理学における最新の考え方も取り入れている。さらに、世界中でさまざまな状況や組織に応用される中で得られた数々の実体験による検証も経ている。その効力は折り紙つきなのだ。

- 意思決定の管理
- 集中力の管理
- エネルギーの管理

「5つの選択」を実践しなければ、あなたは判断力、集中力、エネルギーについて学ぶ機会を失い、次々と飛び込んでくる仕事や要求によって生き埋め状態のままになってしまうだろう。そうすると、あなたの時間とエネルギーの四割が重要でないことに浪費され、あなたは人生を主体的でなく受身的に生きることになってしまう。毎日の終わりに達成感に包まれながら眠りに就くことなど、夢のまた夢だ。

つまり、「5つの選択」を学ぶことは、質の高い仕事と生活、そしてあなたにしかできない独自の貢献によってもたらされる満足感を獲得できるかどうかがかかっているのである。

この章のまとめ

- 生産性のパラドックスとは、卓越した生産性を実現して生活の中で達成感を得ることが以前よりも容易であると同時に、困難でもある状況を意味する。
- 生産性のパラドックスを生じさせる基本的原因として、絶え間なく押し寄せる意思決定機会、集中力に対するかつてない攻撃、私たち個人の脳のエネルギーの低下という三つがある。
- 卓越した仕事をする能力は誰もが持っている。
- 「5つの選択」を絶えず実践することにより、生き埋め状態から脱し、毎日の終わりに達成感を味わうことができるようになる。

第一部
意思決定の管理

第1の選択
重要軸で行動し、緊急軸に流されない

重要性に基づいて判断するようにしないと、重要でないことに振り回されることになる。

――スティーブン・R・コヴィー博士

前の晩十分眠れなかったキヴァは、眠気を振り払おうとベッドに横たわっていた。昨晩ベッドに入ったのはかなり遅かった。目覚まし時計の音がけたたましく響いた。朝の運動をする時間であることはわかっていた。そうしたいのはやまやまだった。ベッドに入る前、パワーヨガの最新版アプリまでダウンロードしたのだから。目覚まし時計をたたいて止めた。

すると、これから始まる一日の予定が彼女の頭を一気に埋め尽くした。進行中の大規模プロジェクトの期限が迫っていた。やるべきことが無数に彼女の頭の中に浮かんだ。心配になった彼女は急いでスマートフォンを手に取り、プロジェクト・チームからメールが届いていないか

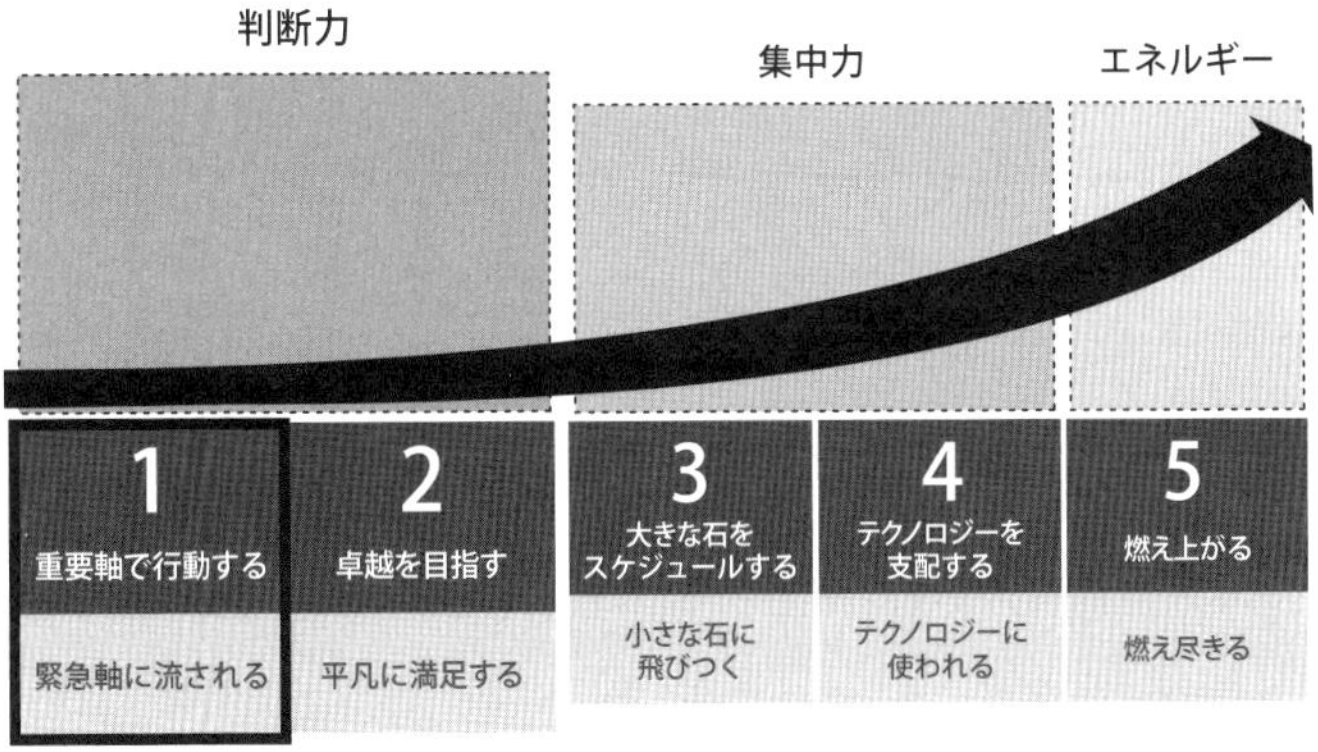

チェックした。

「緊急！」「重要資料！」「今日中に検討・決定を！」

昨夜、スマートフォンを置いた後に届いたメールが三〇通あったが、その多くが重要そうに思えた。だが、中には迷惑メールも交じっていて、彼女は直ちにそれらを削除した。残りのうちのいくつかははっきりせず、対応を要するものか否か確認するため、スクロールし始めた。気がつくと、メールのチェックだけで四五分もかかっていた。彼女はまだベッドの中だった。

「なんてこと」キヴァはため息まじりにつぶやき、新しいヨガを試すのは諦めた。それどころか、そろそろ家を出ないと会社に遅刻する時刻であることに気づいた。

大急ぎでシャワーを浴びて化粧をし、クローゼットの服を眺めてもっともしわが少ないものを選ぶと、身支度を整えて玄関へと向かった。そこでしばらく立ち止まり、ゴミを出すこと、帰りがけにコーヒーを買うことをメモに記した。別の部屋に住む同居人に宛てたものだった。

一〇分後、彼女は駅のコーヒーショップに立ち寄り、ベーグルとカフェラテ（ダブルかトリプルにするんだったと後悔する）を買い、走り出そうとしている電車に飛び乗った。周囲を見回すと、男性の横の席が空いていた。朝の出勤時間だというのに、その男性は随分のんびりとした雰囲気だった。そんな雑念を振り払うと、バッグの中に手を入れ、タブレットを取り出した。

今日は重要な企画会議があり、いくつかの数値をまとめて提示することになっていた。彼女はこの作業を昨日したいと考えていたが、カールから急な依頼があってできなかった。彼はいつも最悪のタイミングで厄介なことを言ってくるように思えた。「他人の窮地をキャッチするレーダーでも持っていて、私が困るとそのレーダーが反応するようになっているのかしら。やれやれ！そのくせ、先週は図々しくも私をデートに誘ったのよ。何てことよ！いい加減にして、カール」彼女は心の中でそうつぶやいた。

数字に目を通していた彼女は、ケリーからまだ重要な情報をもらっていないことに気づいた。それで、すぐにメールを打った。「在庫データが九時までに必要なの。送ってもらえる？」。数秒後、ケリーから返信が届いた。「今やってる最中です」「さすがケリー、対応が早いわね。彼女が私のチームにいてくれて助かるわ。困ったときはいつも頼りになるのよ」彼女はそう思った。

彼女が書類の順序を並び替えていると、隣の席の男性が、困惑とも苛立ちとも取れる表情で彼女のほうを見た。「この人、きっと、まともな仕事には就いてないんじゃないの。大学の非常勤で楽な授業でも教えている、とか。重要なビジネスに携わっているなんてことは間違ってもないわね」彼女はますます報告書に没頭した。

電車が町に着くまで二〇分の通勤時間を有効に使えたと、キヴァは満足感を覚えた。ケリーから報告書を受け取り、自分がチェックしていることを知らせる意味で、さらに一〇通のメールをチームのメンバーに送った。そして企画会議に必要な重要資料を集めた。

彼女の一日はいつもと変わらず、いくつもの会議をハシゴするうちに過ぎていった。意思決定、意思決定の連続だった。このプロジェクトはほぼ当初の予定どおりに進んでおり、全員がそれぞれの役割を十分に果たしているとの感触が得られた。最初きちんと理解していなかった業者が一社あり、分担範囲が増えたことに対して事あるごとに支払金額の増額を要求してきた。「ウェブのコンポーネントは大きなものになるんですよね？」と。

「社内の報告書や駆け引きへの対処に、何でこんなに時間をとられるんだろう」。いくつかのプロジェクトが進行中であり、皆が必要とするリソースが重複していた。彼女はこの日の午後、プログラミング・リソースを確保するだけのために九〇分も費やした。今週必要だったのに、突然別のプロジェクトに持っていかれそうになっていた。

この日、彼女は夕方七時にノートパソコンを閉じたが、メールを送る用事がまだ残っていた（やはり帰りの電車内での時間が役立った）。彼女は視線を上げ、カールのデスクの後ろ側を通って出口に行くルートを頭の中で考えた。彼に気づかれないためだった。会社のビルを出たところで、夕方のひんやりとした空気を胸いっぱい吸い込んだ。「うまくいけば夕食の時刻までに家に着き、テイクアウトの日本食かイタリアンか韓国料理を食べ、その後お気に入りの番組二、三回分をネットからとってゆっくり見られるかも」彼女はそう思った。

キヴァの生活を少し見てみよう。彼女は、自分で思っているほど生産的だろうか。必須事項はもちろんのこと、重要な用件に対応している。自分の時間を利用してやるべき事を成し遂げようとしている。電子端末をいくつか所有し、他者との連絡に役立てている。孤立せず、他者とつながっている。状況を前へ進め、実現させている。だが、彼女は生産的といえるだろうか。この問いに対する答えは見識（適切に判断する能力）の原則に関係してくる。この原則は、効果的な意思決定の管理と脳の使い方の中核に位置するものだ。

あなたは脳をどの程度働かせているか

思考し、創造し、革新することが価値を創出し、それに対して対価が支払われるのが知識労働の世界だが、その価値を生む主要な手段は私たちの脳である。そこで、話を先に進める前に、私たちの脳の働きについて確認しておこう。といっても、先進的な心理学や脳科学を掘り下げようというわけではないので、心配には及ばない。反応部位と思考部位という、脳の二つの基本的な部分について見てみよう。

反応部位は脳の下側に位置する。ここから闘争・逃走反応が生まれ、感情や気持ちもここで処理される。この後述べるが、喜びや楽しみもここで処理されることになる。その処理プロセスの大部分は、何が起きているのか考える間もなく自動的に起こる。反応部位はまた、後天的に習得された習慣が奥深く刻み込まれる場所でもある。習慣とは、この場所にきわめて強く焼きつけられた思考と行動のパターンであり、無意識のうちに自動的に処理されるようになっている。職場に車で向かう途中、何かほかのことをあれこれ考えながらでも運転ができるのはそのためである。

科学者たちによれば、反応部位は、遠い先史時代に人の生存を確保するための機能として持ったという。たとえば、洞穴に住んでいた当時の人間が森の中を歩いていたとする。この人間が生き延びられるか否かは、鋭い歯を持ったトラなどに出くわしたとき、無意識に素早く対応できるかどうかにかかっていた。迅速に行動しなければ、トラの餌食となるのだ。

一方、脳の上部に位置する思考部位は、私たちが意識的でとても意図的な判断を行う場所だ。反応部位で生じる衝動を操作したり覆したりすることができることから、その働きは「実行機能」とも呼ばれる。反応よりも行動をつかさどる場所なのだ。意図的な思考を通じて何かに意識を向けようと判断する場所である。

反応部位の反応は深く染みついているため、エネルギーをほとんど必要としない。瞬時に発生し、意識的に別の行動を選ばない限り、反応部位によって支配される。私たちの意識を、より高度な思考からより身近な刺激へと強引に向けさせるのだ。

私たちが目にする広告の多くは、ハッとするような動きや音、性的イメージなどを駆使して、反応部位に訴えかけることをねらっている。ある研究者は指摘する。「企業にとっての意味合いは明確である。短時間で、かつなるべく抵抗を受けずに人々の心に訴えかけるには、建設的ではないが安易な肉体的、感情的処理に私たちのエネルギーの多くを集中させる必要がある。それが、消費者の無意識な反応を呼び起こす近道なのだ[1]」。そうだとすると、私たちは神経細胞のついた財布にす

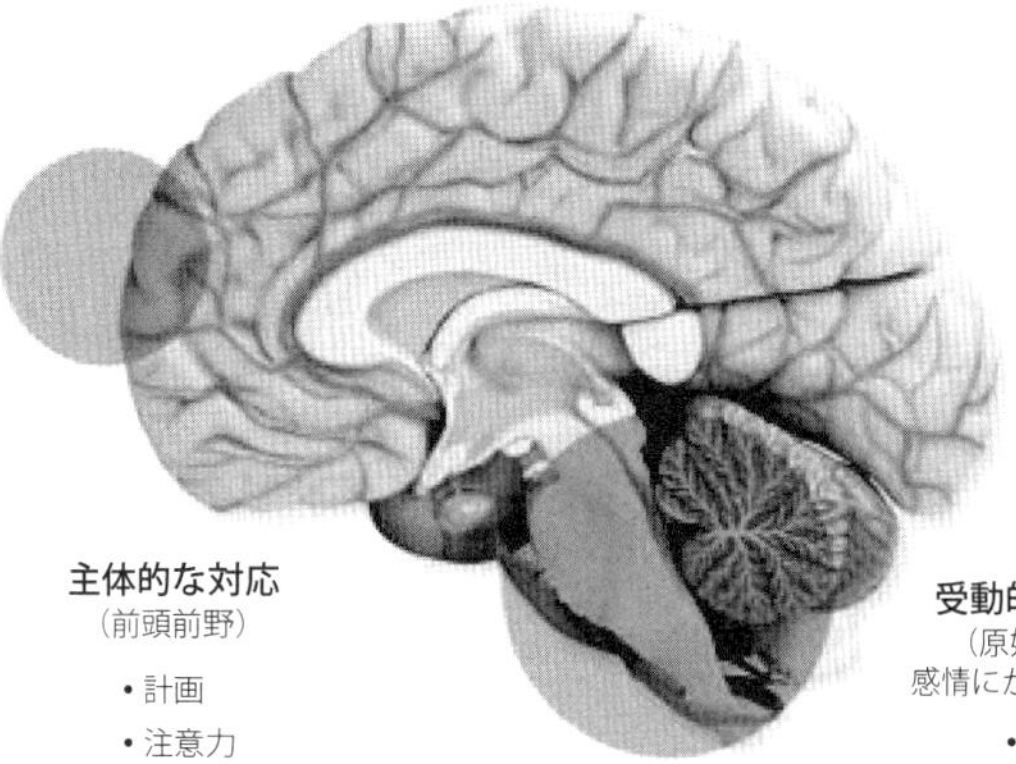

ぎない。反応部位の神経細胞を十分な数だけ引きつけることによって、私たちの財布の口を開かせることがねらいなのである。

対照的に思考部位は、より多くの時間とエネルギーを必要とする。そして、私たちの原始的な反応を超越し、私たちの行動を規制し、何をすべきか、より良い選択を行おうとする場所である。人間は洞穴を出て、文明や文化を創造したが、それを可能にしたのがこの部位だ。何かに対してより思慮深い反応を選択する能力こそ、まさに人間を人間たらしめるものなのである。

幸いにも神経科学の進歩により、私たちは練習を積むことで脳の思考回路を変え、自分の目の前の選択肢についてより深い洞察と理解による選択

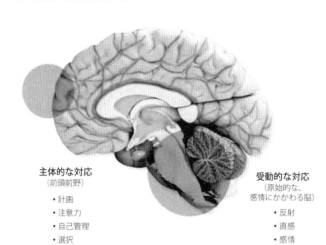

を行えるようになることがわかっている。私たちの生き方の質、喜び、そして幸福度は、そうした選択を行うことができるかどうかで決まるのだ。

意図的であることの重要性

では、こうした脳の働きがキヴァとどう関係するだろうか。

さきほど彼女の生産性について問いかけたが、彼女の頭脳の使い方に関する、より深い質問に言い換えてみよう。それは、彼女は時間と集中力とエネルギーを強いるさまざまなプレッシャーや要求の中で、毎日の終わりに真の達成感を味わえるような、洞察力のある思慮深い有意義な選択を行っていたといえるか、ということだ。

この原則は私たちにもそのまま当てはまる。真に生産的であるためには、何をするにしても意識的かつ意図的に行う習慣を身につける必要がある。今日の世界では、「自分は毎日忙しいんだ」と言って自動操縦のように何も考えずに行動していては、望む成果は得られないのである。

真に生産的であり、そうした有益な判断を行うには、フレームワークとプロセスの両方を備える必要がある。フレームワークはフランクリン・コヴィーの「時間管理のマトリックス」で得られ、プロセスは「一時停止（Pause）―明確化（Clarify）―判断（Decide）」（それぞれの頭文字をとってＰＣＤプロセスと呼んでいる）が提供してくれる。

時間管理のマトリックス

フランクリン・コヴィーの「時間管理のマトリックス」モデルは、時間管理に有効な永続的なフレームワークの一つであり、思考方法全体を示すものである。これを利用すると、時間と集中力とエネルギーをどこに注ぐべきか、適切に判断できるようになる。

緊急性と重要性という尺度を組み合わせたものであり、「緊急事項」と「重要事項」の定義を以下に示す。

- 緊急事項：結果のいかんにかかわらず、即座の対応が求められる事柄
- 重要事項：対応しなければ深刻な結果を招くと思われる事柄

「時間管理のマトリックス」モデルは、人が自らの時間と集中力とエネルギーを費やす活動は、その緊急性と重要性の程度によって四つの領域に大別されることを示している（次ページ参照）。

Q1は「必須」の事柄

第1領域（英語はQuadrant 1といい、略してQ1と呼ぶことにする）に分類されるのは、緊急で、しかも重要な事柄である。危機（入院など）、緊急の会議、締め切りの迫った仕事、切羽詰まった問題、予想外の課題といったものだ。即座の対応が必要であり、放置すれば深刻な結果を招きかねない。だからこそ、「必須」の領域なのである。顧客がものすごい剣幕で電話をかけてきたり、家族が心臓発作を起こしたり、サーバーが突然ダウンしたり、上司から何かをすぐに欲しいと言われたり、即座に対応しないと二度と来ないような絶好の機会が訪れることなど、誰もがこうした事態に直面する可能性がある。

このQ1に分類される事柄に多くの時間を費やしてばかりいると、精力的に活動し生産的だと感じるかもしれないが、過度の時間を奪われるようだと燃え尽きる恐れもある。危機や切羽詰まった

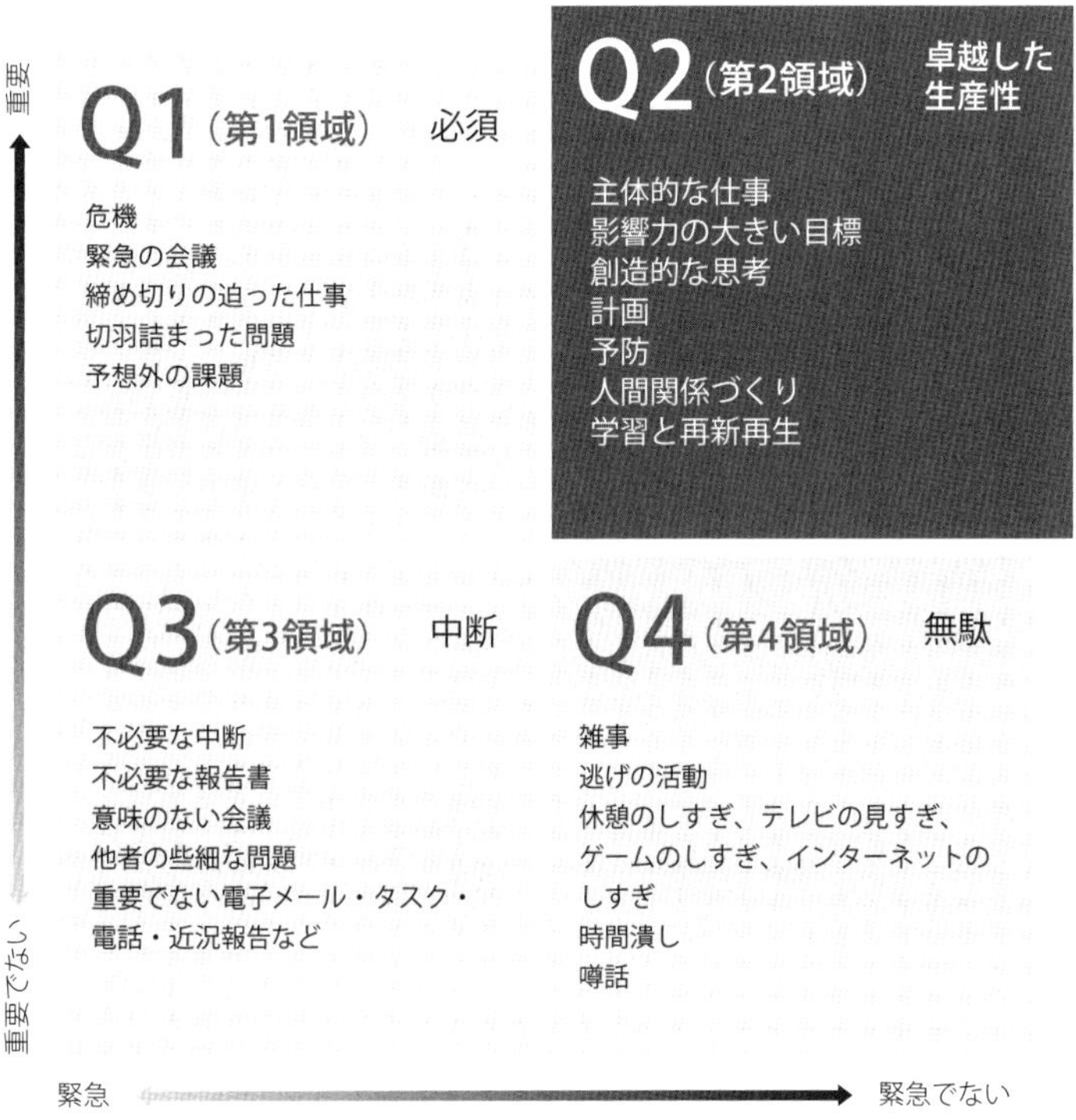
重要
重要でない
緊急
緊急でない
Q1（第1領域）　必須
危機
緊急の会議
締め切りの迫った仕事
切羽詰まった問題
予想外の課題
Q2（第2領域）　卓越した生産性
主体的な仕事
影響力の大きい目標
創造的な思考
計画
予防
人間関係づくり
学習と再新再生
Q3（第3領域）　中断
不必要な中断
不必要な報告書
意味のない会議
他者の些細な問題
重要でない電子メール・タスク・電話・近況報告など
Q4（第4領域）　無駄
雑事
逃げの活動
休憩のしすぎ、テレビの見すぎ、ゲームのしすぎ、インターネットのしすぎ
時間潰し
噂話

時間管理のマトリックス

問題への対処にすべての時間を費やすと、常に大きなストレスを抱えるようになり、思考力や創造力が低下する。Q1に時間を使うこともときには必要だが、きわめて創造的で有意義な最高の仕事ができるというケースはまれである（活動している最中はそうした感じを持つかもしれないが）。投資の表現を借りれば、「投資でもうかることはまずない」となる。つまり、費やした集中力とエネルギーと同程度の成果しか得られないということだ。いわゆる英雄的行為でもすればつかの間の注目を浴びることもあるかもしれないが、全体的に見て成功を持続させる確かな土台にはなりえない。

Q3は「中断」の事柄

第3領域（Quadrant 3 ＝ Q3）に分類されるのは、緊急性は高いが重要性が低いものだ。緊急を要するため、即座の対応が必要と思いがちだが、実際は放置しても深刻な事態にはならない。不必要な報告書、意味のない会議、他者の些細《ささい》な問題、重要でない電子メール・タスク・電話・近況報告など、不要な中断を強いる事柄がここに分類される。

Q1のつもりが実はQ3の事柄で、それに多くの時間を費やしている人が多い。そうした人たちは、自分の身に起こる事柄すべてに反応しているのだ。動きと進歩、行動と達成を同一視しているのである。この領域の事柄に多くの時間を使うようだと、ただ忙しいだけで、結局は何も満たされないという結果になる。カレンダーやスケジュール帳がびっしり埋まっているからといって、充実した生活を送ることができるとは限らないのだ。

忙しいという状態は表面的には心地良いかもしれないが、しょせんそれだけのことである。Q3は、本当に重要であり、職場や家庭で日々影響を及ぼしうる事柄に費やすべき集中力やエネルギーを奪ってしまう。この領域の事柄に時間やエネルギーを費やしても、それに見合うリターンは得られず、結局は骨折り損となるだけである。

Q4は「無駄」な事柄

第4領域（Quadrant 4＝Q4）に分類されるのは、緊急性も重要性も低い無駄な事柄だ。ここに長居するのは禁物だが、Q1やQ3における奮闘で燃え尽きて、ここに逃れてくることがある。休憩のしすぎ、テレビの見すぎ、ゲームのしすぎ、インターネットのしすぎ、噂話などの暇潰しなどだ。脳は完全に無意識の状態になる。

Q4の事柄は、度を過ぎる傾向がある。たとえばリフレッシュするための適度なくつろぎは非常に有意義であり、それはQ2に分類される（この領域については、この後詳しく触れる）。だが、週末に自分とは無関係なドキュメンタリー番組の再放送をパジャマのままリモコン片手に一〇時間も観るとしたら、それはもはや生産的なくつろぎとはいえず、Q4に迷い込むことになる。

Q4に多くの時間を費やすと、無気力になり、目的が見いだせなくなる。ここにあまりに長くとどまるとしたら、憂うつな気分になり、果ては絶望感に打ちひしがれることにもなりかねない。時間を使うべき重要な事柄がほかにあるのではないかと罪悪感にさいなまれつつも、そちらに移動する気力すら湧かなくなる。

一部の行動につかの間の快楽を感じたとしても、それは実に空虚な感情でしかない。自分の生活や人間関係が充実することも、自尊心が育まれることもないのだ。この領域の事柄に時間やエネルギーを費やしても、何のリターンも得られない。

Q2は卓越した生産性の領域である

第２領域（Quadrant 2＝Q２）に分類されるのは、重要性は高いが緊急性は低い事柄だ。卓越した生産性が発揮されるのはこの領域だ。なぜなら、自分の生き方に責任を持ち、達成度や成果において真の違いをつくり出す、そうした活動がこの領域にあたる。具体的には、主体的な仕事、影響力の大きい目標、創造的な思考、計画、予防、人間関係づくり、学習と再新再生などが含まれる。いろいろな事柄が押し寄せてくるほかの領域とは異なり、このQ２における行動は、意識的に選択して行うものである。脳の思考部位を働かせて最大の価値を生む事柄を識別し、それに取り組むのだ。

人はよく言う。「Q２の事柄に専念できれば確かに理想的だが、自分の場合、それは無理だ。ここに手を出す余裕はないから」と。本当にそうだろうか。

いやむしろ、優れた仕事をして、毎日できる限りの貢献をしていると感じたいのであれば、Q２の事柄に時間を積極的に振り向けるべきだ。確かに容易なことではないかもしれない。エネルギーと思慮深い判断力が必要であり、愛着のある習慣やつき合いを、後ろ髪を引かれる思いで断ち切らなければならない場合もあるからだ。しかし、そうした努力が信じられないほどのリターンを生むのである。

Q２に時間をかけるということは、計画や準備、予防に意図的に取り組むということであり、その結果、Q１に分類される危機やいろいろな問題が減少する効果が期待できる。また、人間関係もより健全化されるはずだ。なぜなら、完全に崩壊してしまったり、危機的な出来事が起きたりする前に対応することになるからである。重要なプロジェクトなどでも、間際になってようやく取り掛かるといったことがなくなり、仕事の効率が向上して自信が深まるだろう。Q１、Q３、Q４に費やされる時間を意図的に減少させることになるため、ストレスも緩和されるはずだ。自分の健康やエネルギーにも気を配ることになり、高い生産性を長期にわたって維持する能力も向上するだろう。

そして、何よりも重要な点は、自分の仕事や人生に役立ち、その意義を高める活動において、自分が日々進歩していることを実感することである。きわめて思慮深く、創造的で先見的で、状況を一変させるような活動がこの領域に分類されるのだ。要するに、Q２の事柄に時間やエネルギーを使うことによってとてつもなく大きなリターンが得られる。だからこそ「卓越した生産性の領域」なのである。

この瞬間におけるリターン（ROM）は？

冒頭の章で、人々が自分の時間をどう使っているかを六年間にわたり世界的に追跡した、ある調査を紹介した。その結果を、「時間管理のマトリックス」の四つの領域別に見てみよう（七〇ページ上図参照）。

もしあなたが日々の生活で時間とエネルギーをこのように振り分けているとしたら、改善の余地があるだろう。Ｑ２の時間をたとえ数％でも増やせたら、それなりの効果があるはずだ。

突っ込んで考えてみよう。この状況を投資に例え、「この瞬間における自分のリターンはどうなるか？」と。

Ｑ１＝ブレークイーブン
Ｑ３＝マイナスリターン
Ｑ４＝ノーリターン
Ｑ２＝スーパーリターン

卓越した生産性を生むためには、「時間管理のマトリックス」のフレームワークを意識的に活用して、あなたが日々直面する事柄を分類することだ。これは、あなたの時間と集中力とエネルギーの配分を決める、一種の投資判断である。リターンが大きいのはどこだろうか（七〇ページ下図参照）。

51.3% 緊急の活動に費やされた時間
30.8% 真に重要な活動に費やされた時間
Q1（第1領域）
27.7%
Q2（第2領域）
30.8%
Q3（第3領域）
23.6%
Q4（第4領域）
17.9%
41.5%
重要でない活動に費やされた時間

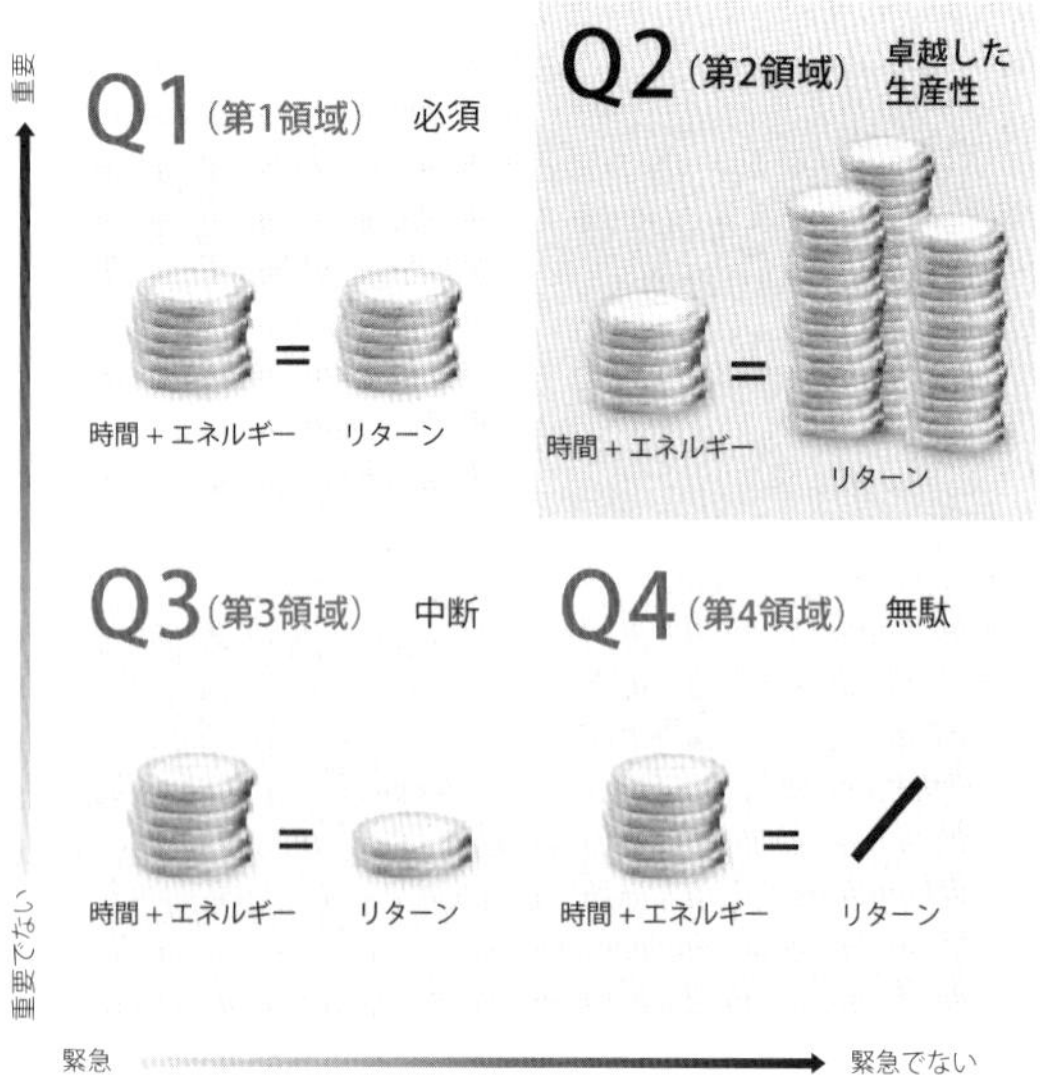
重要
Q1（第1領域） 必須
時間＋エネルギー
=
リターン
Q2（第2領域） 卓越した生産性
時間＋エネルギー
=
リターン
Q3（第3領域） 中断
時間＋エネルギー
=
リターン
Q4（第4領域） 無駄
時間＋エネルギー
=
リターン
重要でない
緊急
緊急でない

キヴァの話に戻ろう。仕事に追われている彼女のところに、兄弟が自動車事故に遭って重傷を負ったので、すぐ病院に来てほしいとの電話がかかってきたとしたら、それは緊急かつ重要な事柄に分類される。これは直ちに対応すべきであり、この要求を無視したら深刻な事態になる。彼女にとって、これはQ1の事柄といえる。やりかけの仕事を中断してでも、兄弟の入院している病院に駆けつけることになるだろう。

ではもう一つ、キヴァは仕事に追われているのに、誰かが冗談のメールを送ったため、彼女のパソコンが受信を知らせる音を繰り返し発しているという状況はどうだろうか。緊急性は高いように見えるかもしれないが（放置しにくいため）、実際は重要ではないので（受信トレイ内にしばらく置いておいたとしても深刻な事態にはならない）、これはQ3に分類される。キヴァは冗談が好きなため、無意識にこのメールに意識を向けるかもしれない。だが、この状況を「時間管理のマトリックス」に照らしてみれば、自分が手がけているプロジェクトのほうがはるかに重要だと気づくだろう。そうであれば、彼女はプロジェクトから意識をそらさない、すなわちQ2にとどまるはずだ。

「時間管理のマトリックス」に基づいた意識的かつ慎重な判断は、日々大きな差を生み、あなたの時間と集中力とエネルギーの投資に対して、多くのリターンを生むことになる。

自分の現状を冷静に見つめよう

あなたは今、こう考えているかもしれない。「これにはまったく同感だが、こうしたことを知るべきなのは、私の上司だ。このような状況が私に起きたとき、私としてはQ2から離れたくはないが、私の仕事の大部分は自分ではコントロールできない。上司やそのほかの者の指示にすぐ対応しなければ、首になってしまう。そうしたら、Q2も何もない。私の仕事は緊急度で動いているんだ。そういうものなんだ」

私たちの仕事は本来緊急度が基準になっていて、それは致し方ないことのように感じることがある。確かに、上司や職場の雰囲気が時間の使い方に大きく影響することは間違いない。だが、現実を冷静に眺めることが大切だ。他人から指示などされなくても、Q3かQ1、場合によってはQ4に分類される事柄に自ら時間を費やしていることが実は少なくない。我々の調査や経験によると、病院の救急治療室や顧客サービスセンターのような、細かくマニュアル化されている仕事や緊急性が高い仕事に従事している人たちでさえ、ほかの事柄に奪われた時間や集中力やエネルギーを再度

Ｑ２の事柄に向けるのに苦労する場合があるという。

要するに、上司の取り換えは無理だとしても、あなた自身の考え方を取り換えることは可能なのだ。まずはあなた自身がきちんとした時間の使い方をするようにすれば、あなたの上司も変わるかもしれない。それができない場合でも、Ｑ２の事柄により多くの時間を費やすようにすれば、生産性を向上させることはなお可能だ。

私たちが自らやっていることで、Ｑ２に移る際の障害になっていることをいくつか見てみよう。そのためには、もう一度脳の話をする必要がある。

緊急中毒

脳の二つの基本的部分である思考部位と反応部位についてはすでに説明した。そのうち、反応部位は闘争や逃走、喜びなどの感情をつかさどるところであることも述べた。私たちが緊急を要する事柄を求めがちであり、中毒症状にまで至ることがあるのは、人間の脳の快楽回路によるものであることがわかっている。

中毒のほとんどは脳の中で、ドーパミンという同じ基本的神経伝達物質が関係している。[2] たとえばコカインは、脳内でドーパミンの吸収を阻害する働きがある。そのため、化学物質がより長時間そこにとどまり、脳自体が本来発現や抑制を行わない不自然な快楽感を生じさせることになる。

ドーパミンは本来、有用な化学物質であり、人が自然な快感を抱くのを助ける働きをする。[3] 目覚め、活動するエネルギーを生み出し、私たちが重要な事柄に意識を集中しやすくする働きもある。優れた仕事をしたり、重要なことを成し遂げたり、生活の中で問題が解決したりすると、脳内のドーパミン値が上昇する。このように、ドーパミンは脳が好む快感を生み出すのに関与する。それで、私たちは真に有益または生産的か否かに関係なく、ドーパミンを生成させるだけのために何かをやり続けるようになる。[4]

たとえば、ある仕事を与えられると、それを緊急だと思い込む。すると、その重要性は考えもせずに張り切って取り掛かり、その後、上機嫌で終了済みとして達成感に浸ったりする。単に終了済みとする快感を味わうために、すでに書いたものをあえて書き直したりしたことはないだろうか（正直に答えてほしい。それこそまさに、私たちが求めるドーパミン効果なのだ）。

緊急中毒とは、やるべきことに取り組み、片づけていくときの張り切った心理状態を好むことであり、その結果として、真の重要性などおかまいなく、私たちはそうした事柄を無意識に探すようになる。そういうことを絶えずしていないと、不機嫌になったり神経質になったりする。生活の中でそうした忙しさを維持したいとさえ思うようになり、長時間の冷静な思考ができなくなったりする。

そうすると、Ｑ３の事柄に熱中するのは目に見えている。本当はまったく意味のないことに夢中になり、ドーパミンを放出させることに時間を費やすのだ。これでは、今日の知識労働環境で鍵となる効果的な意思決定などできるはずがない。

緊急中毒の状態になると、ほかの中毒と同様、緊急という意識がその瞬間は心地良く感じられるが、冷静になって自分のとった行動を認識すると、気分が落ち込むことになる。人はときに、絶えず忙しく振る舞うことによって、こうした覚醒から逃避しようとする。そうすれば、自分がしていることの重要性を確認する必要がなくなるからだ。自分が時間や集中力やエネルギーをどのように費やしているか、まともに意識しなくて済むからだ。著名な作家、ブレネー・ブラウンは指摘する。「忙しくしていれば自分の人生の真実が目に入らない。そういう考え方を好む風潮がある」[5]。恐ろしいことではないか。

忙しい人は価値ある人という考え方

さらに恐ろしいのは、忙しさがその人の価値を手っ取り早く示す社会的、心理的手段になっていることだ。仕事中の人に、どんな状況かと聞いてみるとよい。「もう忙しくて忙しくて。君は?」などといった返事が返ってくることが多い。それに対し、「ああ。猫の手も借りたいよ」などとあなたは返すかもしれない。そして、お互いに同情し合うようにうなずいて見せる。こうした相互に認め合う儀式が、職場での価値や人間としての値打ちを確認するものとして定着している。

これが意味するのは、あなたが忙しいのであれば、誰かがあなたを何らかの目的で必要としており、あなたはそれだけ価値のある人間に違いないとみなされるということだ。忙しければ忙しいほど、それだけ強く必要とされている、と。「私はストレスに苦しんでいる。それは私が生きている証しだ」は、二一世紀における人の存在を主張する論理だ。「忙しくないとしたら、私はいったい何なのでしょう?」我々は以前、こんな質問をされたことがある。深刻さも極限まできているのだ。

組織内でお互いにこうした儀式を行うことの結果は、達成と卓越した生産性の文化ではなく、忙しさと緊急性の文化だ。何事も直ちに片づけなければならないと、全員がこぞって考えてしまうことが問題なのである。

忙しいことは悪いことか

忙しいのは悪いことだと言っているわけではない。実際Q2の事柄に取り組むとなると、非常に忙しくなる。エキサイティングでインパクトが強く、高い価値を持つ仕事揃いだからである。素晴らしいことをしていて忙しいのは、悪いことではない。いやむしろ、有意義な人生の喜びの一つといえるだろう。問題は、何かを成し遂げることよりも忙しいことそれ自体が目標になることだ。

脳の快楽中枢の本来の機能は、有益で生産的なことをしたときに報酬を与えることだ。それが快楽中枢のそもそもの存在理由である。ところが、快楽中枢が適切に機能するのは、思考部位から意識的な指令を受けた場合に限られる。集中力やエネルギーを費やすに値する事柄を識別してくれるのは、この思考部位である。この部位を働かせて賢明な選択を行わないと、反応部位が価値を生まない領域へと私たちを直ちに導き、私たちの生活に害を及ぼす場合すらある。反応部位しか働かせていないと、スーパーリターンを生むQ2の事柄には目もくれず、浪費を強いてリターンの少ない

Q1、Q3、Q4の事柄に飛びつくようになってしまうのである。

どうしてQ1やQ3に流れるのか

反応部位しか働かせず、緊急中毒の状態に陥っていると、自分の振る舞いが自分自身に悪影響を及ぼしていることも気づかず、Q1やQ3の事柄に流れやすくなる。こうした状況になぜ陥るのかをこれから見ていこう。

●「プレッシャーを受けながらも最高の仕事をしている」という思い込み

こうした思い込みの背後には、アドレナリンを分泌させてくれる緊急の状況を求める意識が存在する。アドレナリンは、私たちが直接分泌させることはできないからだ。この意識は、外部からのプレッシャーの力を借りて内発的なモチベーションを生み出そうとする。それで、緊急事態をでっち上げてそのモードに突入し、勝手に期限まで課したがる。動き続けるためには、この化学物質の放出に頼らざるを得ないのだ。

こうした意識がなぜ問題かといえば、私たちは実際のところ、プレッシャーを受けつつ最高の仕事をするということはまず不可能だからだ。仕事というのは、一生懸命努力を重ねた末に成し遂げられるものであって、優れた結果を出すうえで欠かせない質の高い思考は、現実の期限が目の前に迫っている状況下では無理な場合が多い。それに対して、時間的余裕が十分あるときは当然ながら、内的な集中力を意識的に生み出す方法が身につき、それが優れた仕事へとつながっていくのだ。

あなたの場合はどうだろうか。あなたは、プレッシャーを受けたときに良い仕事ができると思うだろうか。思うとしたら、それはなぜか。生活や成果の質が向上することなどないはずだ。

●先延ばしという行為

先延ばしもまた、Ｑ２に費やす時間を自ら奪う原因としてよく見られる。内発的なモチベーションを独力で十分に奮い起こすことができないと、人は期限が来るまで先延ばししようとする。また、失敗しそうで不安なときや、進め方がわからないときなどもそうだ。つまり、期限の接近や失敗などの重大な結果に対する不安が拡大してようやく、重い腰を上げるのだ。重要なこと（健康や運動など）なのに何年も、場合によっては何十年も先送りし、危機が現実化してはじめて態度を改めようとすることがときどきあるのだ。

あなたが米国に住んでいるとしたら、税の申告はいつ行うだろうか。あなたは奇特な方で、早々と受付開始日に必要書類を送ると言うかもしれない。ところが、この用件は重要ではあっても緊急ではなく、どこから見てもＱ２に分類される事柄であるが、データで見る限り、申告期間の最後の四週間になって行う人が納税者全体の半数近く（四一％）を占める。さらに、最後の二週間になって申告する人も二七％に達する。最終日の前の晩になってようやくという人が多いのが実態であり、締め切り前日の真夜中に郵便局の前に長い列がつくられるわけだ。

もしあなたが先延ばししようと思うのであれば、れっきとしたＱ２活動がＱ１に分類される完全な危機的状況へと発展するまで放置するということだ。Ｑ１の事柄を必要以上に増やし、不要なストレスをため込み、眠れない夜を過ごすことになるのだ。

よく考えてほしい。あなたは普段、重要な用件をぎりぎりまで先延ばしすることがあるだろうか。あるとしたら、意識的にそうしているのか、それとも無意識にしているのだろうか。後回しにしても、結果が良くなることはないだろう。事柄がＱ２にある間に処理する、というふうに考え方を変えてみよう。そうすると、非常にストレスの多いＱ１の事柄が減り、より優れた結果が生み出されるはずだ。

●お人よしな態度

人に親切にしたいという気持ちも度が過ぎると、相手にいいように利用されるだけの存在になってしまうことがある。そうすると、本来なら自分で処理すべき用件まで図々しく頼みに来る人まで現れ、Q3に引きずり込まれる羽目になる。

ある会社では、新たな方針が決まると社内ネットワーク上の共有ドライブに掲載しているとする。社員のボブは、この方針にアクセスしたいが掲載場所がわからない。スティーブがとても頭が切れることを思い出した彼は、スティーブのところに行ってアクセス方法を尋ねる。「共有ドライブにあるよ」スティーブはそう答えたが、大した手間ではないため、「じゃあ、私がドライブから落としてメールで送ってあげるよ」と言う。「それはありがたい」ボブはそう言って、自分のオフィスに戻って行く。途中、ジャネットがボブを呼び止め、新方針を見られる場所を知っているかと尋ねる。「もちろんさ。共有ドライブにあるんだけど、スティーブに頼んだほうが早いよ。メールで送ってくれるから」とジャネットに説明する。それからまもなくして、スティーブはオフィス内の全員にとって、共有ドライブ内のファイルを手に入れるための「駆け込み寺」的な存在となった。

スティーブは当面、この役割に満足感を覚えるかもしれない。自分の存在価値を実感させてくれるからだ（ドーパミン値が上昇！）。だが結局は、自分の時間の相当部分を他人の仕事の肩代わりに使っていることになる。それ以上に問題なのは、その分、彼の本来の職務で成果を上げるために使うべき時間が奪い取られていることだ。

他人に親切にしてはならないとか、自己中心的であるべきだとか言っているのではない。お人よしを続けていれば、そこに依存が生じ、利用される結果になるということだ。「共有ドライブの『方針・手順』という名前のフォルダにあるから」とだけ言ったほうが、スティーブにとってずっとよかったはずだ。何らかの理由でボブがそれを取り出せないのであれば、「じゃあ、やって見せるから、次は自分で頼むよ」と言えばよいのだ。そうすれば、スティーブは他人の責任を侵さず、なおかつ自分がQ３に足を踏み入れずに済むのである。

あなたの場合はどうだろうか。お人よしで余計なことまでしてしまうことがあるだろうか。あるとしたら、なぜそうするのだろうか。専門的かつ丁重なサポートを通じて相手の要求に応えるべきだ。他人に対する過度の手助けは、Q２活動をQ１へと移してしまう事態を招きかねないのである。

●「ノー」と言えない性格

相手に「ノー」と言うべき状況で言えないと、結果的にＱ３またはＱ１に入り込んでしまうことがある。こうした状況が生じる原因は、自分の弱みや能力不足を見抜かれるのではという不安や、相手を喜ばせたいという気持ちにあると思われる。自分が孤立することへの不安や、相手との衝突を避けたいという心理が原因になることもある。その後に続くであろう議論に対処する脳のエネルギーが不足しているだけ、という場合もあるだろう。原因は何であれ、こうした感情や気持ちは脳の反応部位で生まれる。

何にでも「イエス」と言いがちな人は、あなたの周囲にもいるのではないだろうか。周囲と無難にやっていきたい、にらみ合いは避けたいという気持ちがそうさせるのだ。集中力をそらす事柄が生活の中に満ちあふれているのも、引き受けるべきではない大きな仕事を受けてしまうのも、原因は同じである。

人に好かれたいとか、対立を避けたいという気持ちが強い人は、自分の物事を成し遂げる能力を買いかぶっている可能性がある。皮肉だが、そうした楽観的見方はそのうちにより深刻な失望や対立に発展しかねない。さらに困ったことに、上司の中にこの種の人間がいると、十分に練られていないQ3の仕事にチーム全体を巻き込んでしまう恐れがある。そうすると、全員の時間を奪う割には、有意義な成果はほとんど得られないという結果になる。

解雇されたり、誰かの攻撃対象者リストに載せられたりすることなく「ノー」と言えるようになるには、どうすればよいだろうか。まずは、自分の家を整理し、カレンダーを目立つ場所やすぐ手元に置いておくことだ。そうすると、一日を通して絶えずロードマップとして使え、自分の時間やエネルギーをどこに集中させるかを決める際に役立つだろう。そして、何かを「ノー」と断るべきだと思ったら、以下のような言い方を試してみるとよい。

「今本当に重要なことをやっているんだ。でも、二時間もすれば手が空くと思うけど、そのとき君は時間をとれるかい？ 別の機会にしようか？」

「君も知ってのとおり、僕は助けを求められたら必ず手伝うようにしているけど、今夜ばかりは勘弁してくれないかい？ 妻（または、そのほかの大切な人）と大事な約束があるんだ。君の仕事を完了させる何かほかの選択肢を一緒に考えよう」

「その会議は、私が出席するまでもないんじゃないかな。スケジュールから外してもいいかい？」

「夜間に受け取ったメールとショートメッセージの対応について確認しておきたいんだ。翌朝一番で返信しようと思うんだけど、それでいいかな？」

「それらのプロジェクトを以前手伝ったことがあるんですが、私はあまり適任ではないと思うんです。それに、ほかに重要な仕事も抱えていますし。もっと有効な時間配分ができないか、一緒に検討してもらえないでしょうか」


以上の例はあなたの流儀や状況に必ずしも合わないかもしれないが、自分にしっくりくる表現をいくつか考えておけば役立つはずだ。前もって練習しておけば、より自信を持って言うことができるだろう。重要なのは、結果に大きく影響する活動の時間を奪うような、Ｑ１やＱ３の不要な用件は、勇気を出してきっぱりと、かつ丁重に断ることだ。

だが現実には、Ｑ１に分類される用件やＱ３と思える事柄であっても、上司から頼まれれば断れない場合もあるだろう。そういうときは、彼らは別にあなたの仕事を軽減する方法を考えるために毎日働いているのではない、と割り切ることだ。彼らも成果を出すことを求められているのだ、と。おそらくあなたの能力を認め、何かを達成してくれるはずと信頼してくれているのだ。それはむしろ喜ぶべきことであり、あなたが専門的かつ礼儀正しく自信に満ちた態度で率直に発言するようにすれば、自分の身に生じるQ1やQ3の用件を排除したり、別の領域に移したりすることも可能かもしれない。あなたがこうした態度を実践するにしたがって、あなたの同僚たちも、自分が何をしているか、それが真の成果にどう貢献しているのか（または貢献していないのか）ということをもっと意識するようになるだろう。そうすれば、誰もが成果を手にすることができるのである。

あなたの場合はどうだろうか。必要に応じて「ノー」と言えるだろうか。それとも、仕事や日々の生活がQ3の用件でいっぱいになり、重要な事柄に対応する時間が奪われてでも、衝突を避けようとするだろうか。

多くの人はこのようにして、自分自身をQ1やQ3に追い込んでしまう。だが、思い出してほしい。それが快感であれ不安感であれストレスであれ、はたまた衝突回避であれ、そのいずれも脳の反応部位で化学物質が関わっていることを前で述べた。意識して見識を発揮しなければ、私たちは優先すべきQ2の重要事項を捨て、化学物質がつかの間作用する事柄へと流れがちなのだ。しかしそれ以上にQ2に分類される事柄にも化学物質は関係し、真の達成や貢献という成果を長期的に実現するうえで不可欠なものとなる。私たちの経験からすれば、Q３の活動を見直すことは、貴重な時間や集中力やエネルギーの一部を取り戻して、Q２の事柄へと振り向けることになる。

あなたの場合はどうだろうか。Q３に費やしている時間の一部でも取り戻すため、今日から活動の仕方を変えられることが何かないだろうか。

第４領域はどんな場所か

私たちが第４領域（Q４）の事柄へと流れる理由は、Q１およびQ３の場合とは逆のことが多い。私たちは緊急事項に多くの時間を使っていると精神的に参ってしまうことがある。そういう場合、気分をリフレッシュしたくなるもので、エネルギーをあまり消費しないで簡単にドーパミンが放出されることを期待する。だが、これはつかの間の快感にすぎず、Q４の無駄な行動へと走ることになる。

ここで確認しておこう。真の再新再生はきわめて重要で、すでに述べたように不可欠なQ２活動である。ただし、再新再生の方法は人によって異なる可能性がある。たとえば、コンピューターゲーム、ソーシャルメディア、テレビなど、私たちがよく無駄と考えるものが、人によっては有効なりフレッシュのための活動になることがある。そうしたことを一概に時間の浪費として片づけるのは間違いだ。

自分が何をしているかと同様に重要なのは、自分はなぜその領域にいるのか、そして、ある特定の活動にどのくらいの時間従事しているかということだ。Q１やQ２での活動からリフレッシュする目的で始めたことが、うっかりしているとあっという間にQ４の行動に変わってしまう恐れがあるのだ。ある女性から聞いた話を紹介しよう。

彼女はある日、数週間続いた出張から疲れ果てて帰宅した。翌土曜日の朝は遅く起き、ベッドから出てソファーのところまでとぼとぼと歩き、お気に入りのテレビ番組の一つを見始めた。彼女は、この番組内で一つ二つ紹介されるエピソードが好きで、彼女にとっては安らぎの時間だった。

ところがこの日はくたくただったため、エピソードがいくつか続く間ソファーから離れられなかった。それで、家庭内を円満に保つために必要なことを少し怠ってしまった（彼女の愛犬が、「どうして私をかまってくれないの？」と言わんばかりの表情で彼女を見上げている姿を見て初めて気づいたのだった）。

その結果、ヒビの入った関係の中には、後で埋め合わせしなければならないものもありそうだ

――いや、明らかにある――と彼女は思った。だが彼女は、Ｑ４からしばらくの間抜け出せなくなっていた。彼女はこの日、「時間管理のマトリックス」とワーク・ライフ・バランスの大切さをいやというほど思い知らされたのであった。

「時間管理のマトリックス」は、自分自身の行動の仕方を説明するための基準になる。あなたがどの領域にいるかを判断できるのは、あなた以外にいない。なぜなら、あなたにとって何がもっとも重要であるかによってのみ、領域は決まるからだ。

では、あなたがＱ４に紛れ込んだかどうかは、どうしてわかるだろうか。それは、自分がしている事柄について正直かつ見識ある自問自答を行うことだ。その際は、以下の点がポイントになる。

●この活動は本当に再新再生に役立つか？　自分のエネルギーを増進しているか、それとも消耗させているか？
●自分は無意識のうちにこの活動にいつまでもはまり込んでいないか？
●この活動は大切な人間関係を育んでいるか、それとも損ねているか？
●この活動への自分の関与は度が過ぎていないか？

●ここに時間を費やすことで、より重要な事柄を犠牲にしていないか？

Q2に移るための必須スキル：一時停止―明確化―判断（PCD）

Q2に移るためには、まず脳の反応部位を十分な時間停止させ、自分の身に発生している事柄は何であるかを明確にする。それから、それが自分の時間とエネルギーを費やすだけの価値があるか否かを判断することが必要だ。我々はこの必須プロセスを、「一時停止―明確化―判断（PCD）」と呼んでいる。

このプロセスを実行する能力は、私たちがあることをするか否か意図的に判断する選択の瞬間に発揮される。PCDを実行するということは基本的に、短い時間の中で「これは重要か？」と自問自答するということだ。この単純なプロセスを踏むことによって、その瞬間に私たちが欲するリターンを獲得しやすくなるのだ。

これもやはり、私たちの脳が本来備えている反応の仕方ではない。私たちの脳は、その反応部位にアピールし、ドーパミンを放出させるような事柄に対して即座に反応するようにできている。だ

選択の瞬間

これは重要か？

（一時停止／明確化／判断）

が、人に何かを成就させるものは、行動する前に立ち止まる、まさにその行為なのだ。そうでなければ、私たちは今も腰布だけを身にまとい、猛獣たちと戦っているだろう。

だが、心配するには及ばない。あなたはすでにこれを絶えず実践しているのだ。朝起きて、何を食べるか決めるのもその一つだ。交差点に差し掛かり、どちらの方向に行くか決めるのもそうだ。決めるべき事柄は何千とあり、その際に何をするかを選択する瞬間が介在する（その多くは頻繁に実行されるため、ほとんど自動的に処理されている）。あなたがいくつかの分野ですでに発揮している能力を、不慣れなほかの分野に応用すればよいのだ。

「時間管理のマトリックス」を理解すると、事柄の重要性を判断する枠組みができる。何らかの事柄が発生したとき、「これはどの領域に分類されるものか？」と考えればよい。そうすると、それをどう処理すべきか、より優れた判断ができるようになるのだ。ある事柄が「時間管理のマトリックス」のどこに属するか判断がつかないときは、自分自身あるいは関係者にさらに次のように問いかければよい。

- これは実際、いつ行う必要があるか？
- これは我々が手がけているプロジェクトにどう影響するか？
- これを成し遂げるための手段や方法はほかにも何かあるか？
- 自分が取り組んでいるほかの優先事項と比べ、これはどの程度重要か？

こうした分析的質問を行うことによって脳の思考部位が働き、判断能力が向上するのだ。言うまでもないが、このＰＣＤのプロセスは、誰かと一緒に仕事をしているときのほうがより効果的である。あなたが属する組織全体にＱ２を重視する文化が築かれていれば、つまりは、任務を引き受けたり誰かに課したりする前にＰＣＤプロセスが必ず実行されるようになっていれば申し分ない。あなたがこのような組織に属していなければ、職場であれ家庭であれ、周囲の人たちとともにＱ２を重視する文化をつくり出せばよい。

自分の周りにQ２カルチャーをつくり上げるには

単にあなたと上司、あるいはあなたと同僚の間でも、私たちは皆、上下または同列の関係に基づく文化の中で生きている。

あなたの周囲にQ２カルチャー（Q２を重視する組織文化）をつくり上げるには、あなたを取り巻く集団の中に共通のフレームワーク（時間管理のマトリックス）と統一された用語（Q１／Q２／Q３／Q４および一時停止―明確化―判断）を定着させる必要がある。そうすることで、自分がしていることの重要性を見つめ直し、もっとも効果の大きな事柄に集中力とエネルギーを意識的に注ぐことが可能になるのだ。そのための具体的な方法をこれから紹介しよう。

1.「時間管理のマトリックス」を共有する

あなたが「時間管理のマトリックス」について理解していることを、周囲の人々に説明する。上司や部下、同僚たちとテーブルを囲み、「時間管理のマトリックス」を図示する。個々

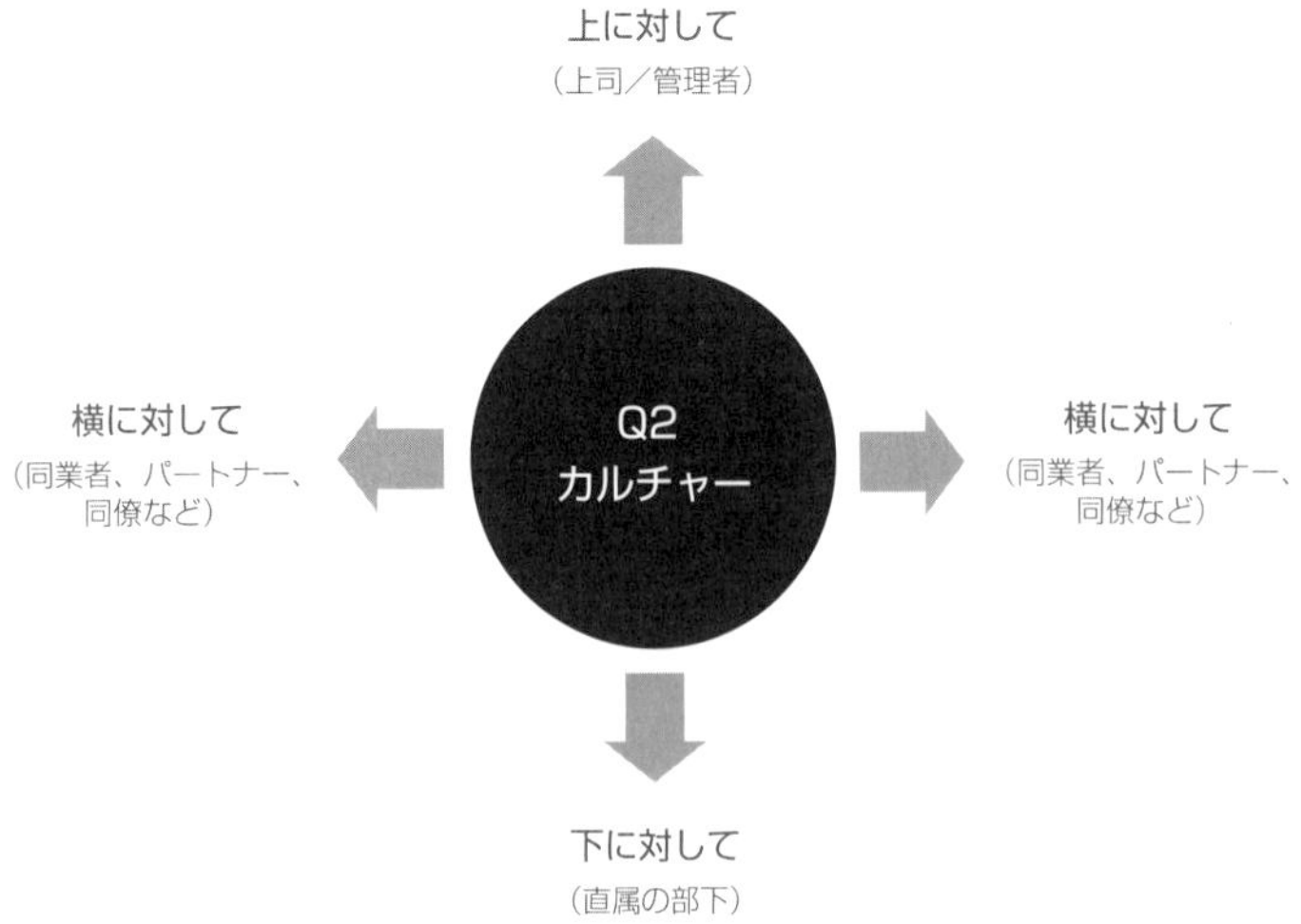

のタスクやプロジェクト、そのほかの活動がどの領域に分類されるか尋ねてみる。さほど重要でない仕事に多くの時間が浪費されている現状に気づくにつれ、彼らは「なるほど！」を連発するはずだ。また、ＰＣＤプロセスに関する説明も忘れないでほしい。

2．共通言語化する

職場において全員が「時間管理のマトリックス」を活用するようになると、「こいつはＱ１ですか？すぐにやるべきことですか？」「これはＱ３じゃない？　そもそもやる必要があるのかな？」「自分はＱ４に入ってしまったようだ。どうしたらほかの領域に移れるだろうか？」「これはＱ２の優先事項だね。これに時間をかけよう」といった言葉が彼らの口から飛び出すようになるはずだ。こうした共通言語を使用することにより、ある仕事にどの程度の努力を傾けるべきかの判断が容易になるだろう。「これはまさにＱ１そのものだ」などといった表現がメールで飛び交っているのを見れば、文化が変革しつつあることを実感するはずだ。

3．「一時停止―明確化―判断」を一緒に実践する

誰かとともに仕事をしていて、何をすべきか判断するときは、「一分間立ち止まってどれがもっとも重要か見きわめよう。そうすれば、力の入れ所が決まるはずだ」などと言う。実際に何かを拒否して、別の何かを優先したりしていると、このプロセスがあなたの人間関係や身近な職場文化にどんどん定着していくはずだ。

他人と一緒に仕事をしている場合、自分にとって自然に感じられるかたちでこれらの問いかけを行う方法を見つける必要がある。それにはある程度の練習が必要かもしれないが、それだけの価値は十分ある。

あなたが上司である場合

あなたがチームを率いる立場にある場合、メンバーが最優先事項に焦点を合わせられるようにする責任がある。それがあなたの仕事なのだ。幸い、あなたはチームの文化に対して絶大な影響力を持っている。たとえば、チームのミーティングなどでしばらく時間をとり、「時間管理のマトリックス」と「一時停止―明確化―判断」のプロセスについて説明する。その後、手本としてあなたのチームに関連する分析的な質問をいくつか問いかけたりすると、チームをQ２へと移らせるのに大いに役立つはずだ。

彼らが自分のしている行動を見つめ直し、再構築できるようにあなたが徹底的に指導すれば、Q２カルチャーの実現は夢ではない。ただし、彼らが意識を集中する対象をあなたが強制するのはよくない。彼らを幻滅させたり動揺させたりする恐れがあるからだ。それ以上にやってはならないことは、チームの一人ひとりにQ１やQ３の用事を配って歩くことだ。そんなことをしながら、あなたが掲げる目標の実現に向けて集中的に取り組むようにと指示しても、彼らはあなたにあきれるだけだろう。

リーダーの仕事の一つは、チーム文化に対する自分の責任を自覚することである。あなたがQ2に移ることを真剣に目指すつもりなら、次の質問を自問自答してみるべきだ。

1. 自分のチームの目標や優先事項は全員にとってわかりやすいか？
2. メンバーを緊急事態モード（Q1）に突入させるようなこと（計画／準備の不足など）を自分は何かしていないか？
3. 自分は、ほかの人間がすべきこと（Q3）を部下にさせようとしていないか？
4. 今や必要でなくなった報告書やプロセス、システムなど（Q4）で部下の時間を奪っていないか？
5. チームでやっていることをメンバーが安心して見直し、チームの目標達成に向けて変更できる環境を自分は整備しているか？
6. チームで新たなプロジェクトや任務に取り組む際、自分はやみくもに取り掛からせたりせず、チームのメンバーにその意義や影響をじっくり考えさせているか？

あなたが上司でない場合

あなたがチームを指揮する立場ではなくても、心配することはない。あなたはメンバーの一人として、また場合によっては上司と一緒にQ2カルチャーの創造に貢献することができるのだ。以下のストーリーがそれを証明している。

ローラの上司は、世間によくいる扱いにくいタイプだった。彼は彼女にあれこれ仕事を押しつけ、ついに彼女は対応しきれなくなった。このままでは、怒りをぶちまけるか、会社を辞めてしまうか、はたまたその両方になりそうで、何とかしないと、と彼女は思った。そこで彼女は上司のところに行き、自分に与えられた仕事の優先順位を決めたいので相談に乗ってほしいと頼んだ。そして、自分が携わっている仕事を分類する手段として「時間管理のマトリックス」を用いることを提案した。

二人で全部の仕事について検討した後、上司はそのすべてをQ1に分類した。ということは、どれも重要であり、しかもすぐにやらなければならないということだった。

だが、この上司は賢明だった。彼はその一覧を眺めているうちに、自分が割り当てた仕事すべてをローラが適切にこなすのは無理だと気づいた。それで、これらの仕事がどの領域に分類されるか、Q2に重点を置きながら一緒に決めていった。二人はその際、「これは実際のところ、いつやる必要があるか?」「この活動は財務実績にどう影響するだろうか?」「これを来月に回したらどうなるだろう?」などと分析的質問をしながら進めた。こうしてでき上がった計画はローラにとっても上司にとっても、より効果的なものになっていた。

この動きはさらに広がりを見せた。ローラの上司が彼女だけでなく、ほかのメンバーにもこうした表現を用いて話すようになった。そして、わずか数ヵ月のうちに、フレームワーク〈時間管理のマトリックス〉と共通言語を駆使してより良い選択を導き出す手法がチーム内に定着したのだった。ローラはまた、自分の同僚二、三人とともにこの手法を導入し、同様の成果を上げたのである。

Q2カルチャーをつくり上げる取り組み方は一様ではないが、我々の経験からいえば、この枠組みや用語の有益性さえ理解されれば、導入に苦労することはないだろう。職場内でのこうした働きかけには、自分の時間やエネルギーをどこに費やすかを判断する能力を飛躍的に高める可能性がある。

キヴァは生産的といえるか

この章の冒頭でキヴァの一日を紹介した後、「彼女は生産的といえるだろうか」と疑問を投げかけた。本書はまだ「第1の選択」の説明を終えたところだが、彼女の活動がQ2に分類されるものか否かの判断はできる。一日の行動の中からいくつかを取り出して分析してみよう。また、彼女の活動を改善するうえで、一日のどの場面でQ2の考え方が役立つか見てみよう。

●朝のメール処理

時間どおりに起床して運動をする気になれなかった彼女は、ベッドの上で寝返りを打ってスマホを手に取った。前の晩からのメールを眺め、そのうちのいくつかは処理済みとしてドーパミンを放出させた。こうして、彼女の一日は四五分遅れで慌ててスタートした。こうした行動は明らかにQ3に分類されるだろう。

●しわになった服での出勤

この日の彼女の充実感にさほど影響しない、些細《ささい》なことのように見えるが（顧客との大切な打ち合わせでもあれば別だが）、こうした朝の不要なプレッシャーは大概の人が経験することだ。前もって洗濯し、アイロンをかけてあれば、Q2ということになるが、身なりの落ち度を気づかれまいとする彼女の行為はQ1と言わざるを得ない。

●大急ぎで済ませた朝食

朝食がコーヒーとベーグルということ自体は問題ないが、身体と脳のエネルギーを一日持たせようと思ったら、もっと別の方法がある。何をするにしてもエネルギーが不可欠であり、これは重要なことである。健康に気をつけることは、間違いなくQ2活動である。

●会議用資料の準備

キヴァは前日に資料を用意するつもりだったが、カールからの緊急の用件で予定が狂ってしまった。この用件が重要だったか、それとも単に急ぐものであったのかはわからないため、彼女がこれを後回しにしたり、場合によっては断ったりすることができたかどうかも定かでない。この章で紹介するスキルを活用すれば、彼女は緊急性に惑わされず、重要性で判断できたであろう。にもかかわらず、自分で準備できずにケリーに助けを求め、Q1に分類される必須事項を生じさせてしまった。今回はケリーが対応してくれ、彼女は事なきを得た。

●非常勤講師らしき隣席の乗客

多忙をきわめるキヴァとは対照的に、彼は本当につまらない人間だったのだろうか。それとも、実に計画的なタイプで、朝からゆったりと通勤する余裕があったのだろうか。後者だとすれば、彼の行動はQ2に属し、キヴァはQ1のように見える。

●予定どおりに進んでいるプロジェクト

プロジェクトは全体としてQ2で進行しているように見える。スケジュールどおりであり、着々と成果が上がっているようだ。

●業者とのもつれた関係

もちろん、業者が単に無能ということも考えられなくはない。だが、Q2の事柄として取り組んでいれば、この関係を改善できた可能性がある。キヴァのチームがウェブのコンポーネントを事前に精査していたら、この業者は入札額を誤ることはなかったのではないか。開発作業がもっとスムーズに運ぶようなコミュニケーション方法はなかったのか。彼女のチームはほかの利害関係者の提案についても、当初の業務範囲やスケジュールへの影響など考えずに受け入れているのだろうか。

企画や準備や連絡、重要なベンダー関係の強化のための時間を前もって確保すると、Q2のど真ん中に位置する活動を成し遂げることができる。そして、こうした措置を早目に講ずれば、Q1に分類されるとんでもない危機が発生して彼女のプロジェクトの成功を脅かすような事態にはならないだろう。

●組織内の報告書、駆け引き、限られた資源

この種の事柄はどの組織にもついて回る。社員たちは資料を必要とし、そのニーズや課題は一人ひとり異なる。資料集めは本来なすべき重要な仕事を促進するのではなく、遅らせることのほうが多い。そして、その妨害する程度によって、その組織の文化が「時間管理のマトリックス」上のどこに位置するかが決まる。たとえば、彼らの時間がかなり奪われ、重要な仕事ができなくなるようであれば、その文化はQ2よりもQ3に近い。

Q2カルチャーでは、報告書などの必要性から議論の対象にして率直に話し合う。また、競合するリソースのニーズについても同様だ。キヴァが必要とするプログラミング用のリソースであれば、たとえば次のような会話が考えられる。「こちらは是非とも必要で、しかも急ぐのよ。今週は何とか使わせてもらえないかしら？ 来週はそっちに回すようにするから」

●帰宅

キヴァがオフィスを出た後、帰宅途中にする行動、彼女が食べる物、家に着いてからすることは、まさに彼女個人の選択である。判断の鍵は、彼女が自分の晩の過ごし方を冷静な目で眺めたとき、それが彼女の最重要目標や優先事項に貢献したといえるかどうかだ。こうしたプライベートの分野についても、彼女は満足感や充実感を得ていただろうか。得ていたとすれば彼女はQ2ということになり、得ていなければ、自分のプライベートがどうなっているかを見つめ直す必要があるだろう。

完全無欠な人間になるか、生産性を大きく向上させないと、キヴァはより良い成果を手にできないと言っているのではない。自分の考え方を改め、一つずつ判断と行動を改めていけばよいのだ。

「時間管理のマトリックス」のフレームワークと「一時停止―明確化―判断」のプロセスを活用して、活動を改め続けていけば、自分の時間のうちＱ２に振り向けられる部分が知らないうちに大幅に増えていることだろう。

楽な気持ちで始めよう

「重要軸で行動し、緊急軸に流されない」という「第１の選択」の原則および手法を導入するための簡単な方法を以下に紹介する。あなたにもっとも適したものを選んで実行してみてほしい。

- Ｑ２へのフォーカスを忘れないために、「時間管理のマトリックス」をコピーしてあなたのデスクか壁に貼る。
- カード（八×一三センチほど）を一枚用意し、マスを七つつくってそれぞれに曜日を書き込む。毎日少なくとも一度はＰＣＤプロセスを意識的に使用するようにし、それができた日は、その曜日の欄にチェックを入れるか、ゴールドスターのシールを貼る（ドーパミンの量がさらに増えるだろう）。毎日できたら、ごちそうでも食べて自分を祝福する。

●自分または他者に無理なく尋ねられる「分析的質問」の一覧を作成し、鏡に向かって問いかける練習をする。

●「この瞬間における自分にとってのリターンは何か？」という質問文を付箋《ふせん》に書き、パソコンの画面に貼っておく。

●朝二、三分の時間をとり、その日あなたにとってもっとも重要なＱ２活動を一つか二つ選び出す。それを紙に書き出してポケットに忍ばせておき、一日の最後にそれを見て実行できたか確認する。実行できなかったときは、その理由を考える。

●自らに課した集中力をそらす事柄（Ｑ３）を特定し、それに対処する戦略を練る。

この章のまとめ

・脳には、思考部位と反応部位という二つの基本的な部分がある。
・私たちが人生で成し遂げる成果は、自らの判断力の影響を受ける。
・脳の回路をより見識にあふれ、主体的なものに改造することは、練習によって可能である。
・判断力を高めるには、フレームワーク（フランクリン・コヴィーの「時間管理のマトリックス」）とプロセス（一時停止―明確化―判断）の両方が必要である。
・真に生産的であるためには、私たちはＱ１やＱ３の事柄に費やす時間をできるだけ減らし、Ｑ４の時間を完全になくし、Ｑ２に注ぐ時間を最大化しなければならない。
・自ら課したＱ１、Ｑ３、Ｑ４の活動を排除し、その時間をＱ２に振り向けるとよい。
・Ｑ２カルチャーは、重要性を意味する言葉を多用し、Ｑ２に意識を集中する能力を高めることによって醸成される。

第2の選択 平凡に満足せず、卓越を目指す

何人も充実した人生を生きる可能性がある。

――ウィリアム・パワーズ

ジェイボンはタクシーに乗り込み、ため息をついた。会議を終え、ようやく緊張感から少し解放された気分で帰宅するところだった。「会議はうまくいった。結局、俺以上に全体を把握している人間はいないんだから」心の中でそうつぶやいた。だが、時間をかけてわかりきったことを説明しなければならないことに、彼は毎回苛立ちを感じていた。「これを文書化する暇があればなあ。そうすれば、ユーザーインターフェースのほうにもっと時間をかけられ、こういった問題の多くは消えてなくなるのにな」

この件について考えれば考えるほど、苛立ちは募るばかりだった。ソフトウェアを顧客が使い

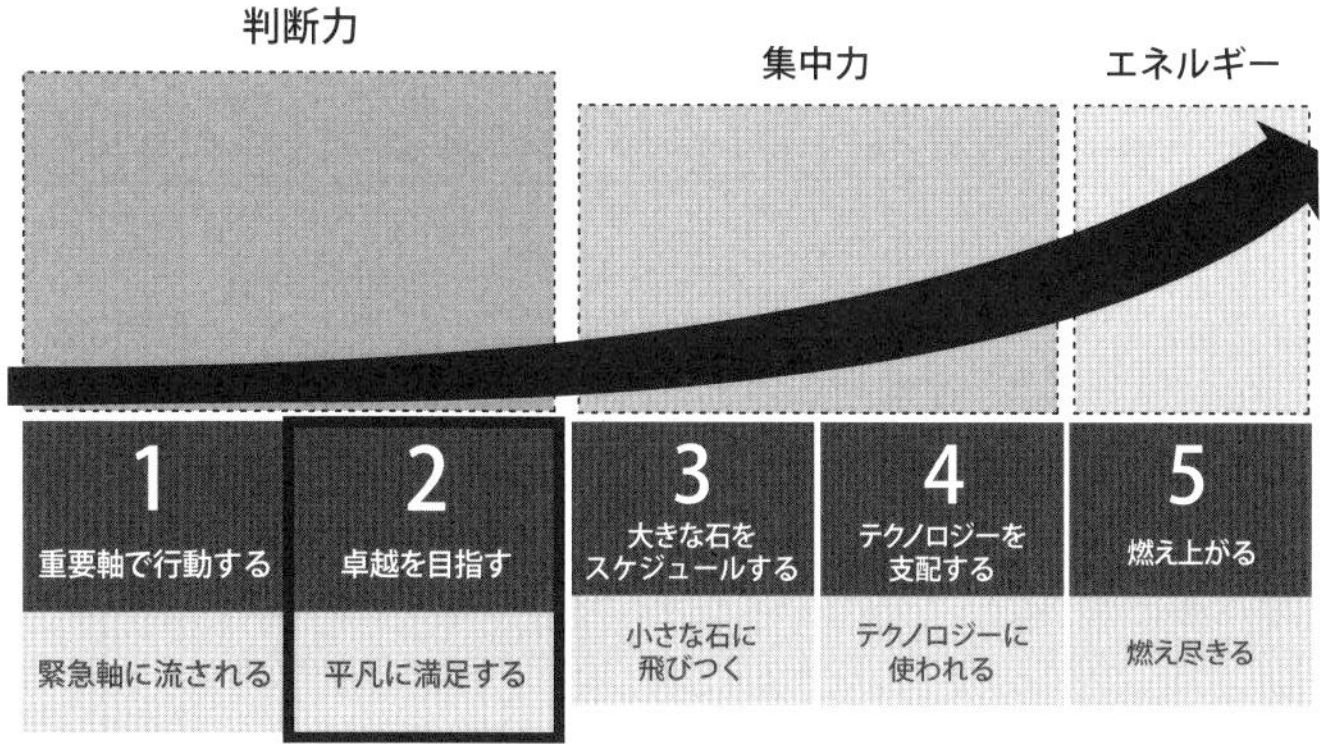

やすいように改良する方法はいろいろあることはわかっていたが、開発という仕事は一朝一夕に進むものではなかった。なのに、顧客を相手にしている営業からは矢の催促で、開発チームとしては主だった要求にやっとのことで対応している状況だった。それで、調整役と問題処理が自分の仕事になりつつあるように彼は感じていた。この種の開発で必要とされる品質改善は自分の得意分野なのに、そこにかけられる時間は皆無ではないか、と。「もっと良いものをつくれるのに、適当なところで妥協してしまっている。顧客の要求水準が上がってからでは、もう間に合わないのにな」

彼は携帯電話を取り出し、妻のカリシャに「帰宅途中」とショートメッセージを送った。彼女はこの日、深夜に在庫管理を行う予定で、自分が着くころには終わっていてほしいと思った。「会議がうまくいったみたいでよかったわね。こっちは在庫が大変なことになっているの。明日の晩も遅くまで残業かも」彼女からの返信が届いた。ジェイボンはその場でうなだれた。翌日は二人ですてきなディナーに行くつもりだったのに、そのプランははかなくも消え去った。一体いつになったら、ゆっくり新婚生活を楽しめるのやら。こんなことなら、独身でいたほうがよかったかも。「以前は楽しいことをあれこれ一緒にできたのに。一体どうなっちゃったんだろう？　何とかしなきゃ！」

彼の心は不安に包まれた。

Q2に分類される活動を毎日行うようにするには、自分にとって何が重要なのかを明確にしなければならない。自分の時間と集中力とエネルギーを注ぐ対象を選択する際の基準が必要になる。それがこの章「第2の選択」のテーマである。我々が日々行う判断の基準をはっきりさせるということだ。仕事、主な人間関係、お金、家族、友人、趣味、関心事といった私たちの生活全体の中のもっとも重要な側面において、どのような事柄がQ2に分類されるのか。そして、その見きわめがついたら、どのようなやり方で卓越した結果を残すか、という段階に進むことになる。

脳の専門家ダニエル・G・エーメン博士は指摘する。「脳のパワーを生かすには、方向性とビジョンが必要です。要するに、青写真がなければならないのです」[1]

なぜ卓越を目指すのか

「私は別に卓越した存在になりたいわけではありません。平穏無事な普通の生活さえ送れれば、それで十分です」と人はよく言う。人生にはさまざまな挑戦や与えられた使命があるにもかかわらず、私たちはなぜ卓越したレベルを基準にすべきなのか。これは当然の疑問だろう。

本書でいう「卓越」とはどういう意味か、思い出していただきたい。毎日の終わりに満足感や達成感に包まれて眠りに就く、ということである。あなたの仕事やプライベートに最大の価値をもたらすようなことを成し遂げるということだ。つまり、我々のいう「卓越」とは次のような意味ではない。

- 罪の意識にさいなまれて達成しようと思う、実現不可能な完全主義的基準。
- 他人によって定義された、自分の生活や人生のあるべき姿。
- 自分にとって何が重要かということよりも、他人の気まぐれにいちいち自分を合わせる生き方。
- 他人と比較して、または他人と競う中で必要と感じる優越性。

要するに、自分の人生にもっとも多くの価値をもたらす、と心底思える事柄を成し遂げるということだ。では、なぜ我々は「卓越」という表現を用いるのかといえば、それはこの言葉が「平凡」ではない、もっと優れたものを示唆するからである。

我々の経験では、人は自分にとって何がもっとも重要かをわざわざ説明したりしない。そして、先に紹介した「時間管理のマトリックス」のデータが示すように、人はつい重要性の低い事柄に流れがちだ。何が重要かを明確にして意識的に判断するのではなく、何が緊急かという基準に惑わされているのだ。その結果、毎日の終わりに確かな満足感を味わうことはなく、むしろ、自らの生活や自分がしていることに不安感や物足りなさを覚えるのである。こんなにも忙しいのに、何も成し遂げていないように感じるのはなぜなのだろう、という疑問がつきまとうのだ。「第1の選択」で述べたことだが、そうした不安から抜け出したいがために、さらにいっそう忙しさを求めてしまうのだ。

あなたが心の豊かさを定義し、それを意識的に達成できるようになれば、本書の目的は果たされたことになる。そして、そうした能力の中核となるのが、この章で述べる「第2の選択」である。

現時点におけるもっとも重要な役割は何か

人の役割とは、その人の生活が営まれる場所にほかならない。人間関係を持つ場所、人としての基本的活動を維持する場所である。役割というのは人間にとって基本的なアイデンティティであるため、他人に自己紹介を求めると、「私は技術者です」「私はジェーンの夫です」「私はトライアスロンの選手です」「私は友人です」などと、必ずその人の役割が含まれる。「私は内気です」とか、「私は陽気なタイプです」など、自分の性格を述べる場合でさえ、そうした特徴は常に役割との関連で示される。

大事なのは、そうした役割すべてのバランスを保つことだ。一つの役割が生活の中でどう果たされるかによって、ほかのすべての役割に影響する。たとえば、あなたが職場で何か困難な問題を抱えていたら、家でのあなたの気分や行動に影響するかもしれない。逆に、プライベートで何か問題が生じると、職場やそのほかの役割もうまくいかなくなったりするものだ。

人間の脳は情報を役割などのカテゴリー別に整理して蓄えるため、役割によって生活を分類・整理してみるのは大いに意味がある。あなたは日々の生活の中で、現在いくつの役割を担っているだろうか。一〇くらい、あるいは一五くらいだろうか。上司、同僚、プロジェクト・リーダー、親、娘、息子、兄弟、隣人、ボランティア、活動家、建築家、芸術家、アスリート、自然主義者、コーチ、パートナー、友人など、さまざまな役割が考えられる。自分自身の健康に関する役割はどうだろうか。あなたが担っているさまざまな役割や人間関係には、どのようなものがあるだろうか。あなたはそうした役割のすべてにおいて、本当に卓越することができるだろうか。

そのうち、あなたにできるもっとも効果的なQ2活動の一つは、自分が集中する対象を絞り込むことだ。あなたの現在の生活の中でもっとも重要な役割をいくつか拾い出し、それぞれをどの程度果たしているか考えてみてほしい。さらに、それぞれの役割について成功とはどのようなものか定義してみよう。こうすることで、脳が必要とするターゲットが決まり、その結果として、あなたが日々行う判断が大幅に強化されるのだ。

自分の役割を特定する

キヴァは、自分が現在担っているもっとも重要な役割として、何を挙げるだろうか。

- プロジェクト・マネージャー
- 友人
- 同居人
- 写真家
- 娘

ジェイボンの場合はどうだろう。

- 夫
- ソフトウェア開発者
- チームリーダー
- 隣人

さらに、シェリーという女性が次の役割を挙げるとする。

- 三人の子どもの母親
- ジムという男性の妻

- 自分の健康維持
- 部門マネージャー

この三人は今、それぞれの生活においてほかにも数多くあると思われる役割を脇に置き、最高の貢献をするために現在集中すべきものは何かと考えた。次に、それぞれの役割を「ライフホイール」と呼ばれる図に書き込んだ。これは、私たちの役割が一人の人間全体を構成する部分として相互につながっていることを示す図である。この三人の場合、それぞれのホイールは次ページの図のようになる。

このようにQ2に分類されるもっとも重要な役割を拾い出すことにより、Q2の役割が次のようなものであることがわかるはずだ。

- 主な人間関係と責任
- （将来のある時点ではなく）現時点において、（自分が担うべきと思う役割ではなく）自分の生活に実際に関連する役割
- 自分にとって有意義な役割（人の役割は、その人のもっとも深い価値、もっとも高い願望、最大の貢献

キヴァ

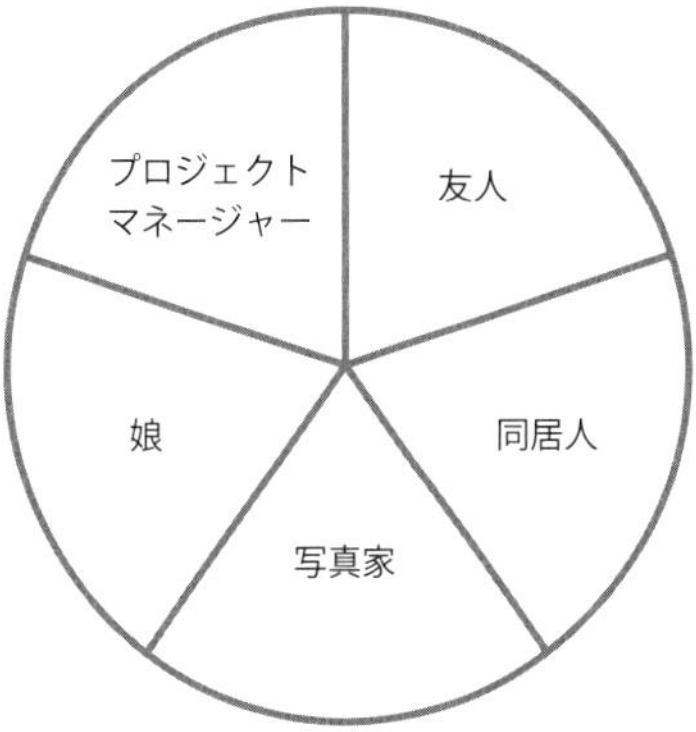

ジェイボン

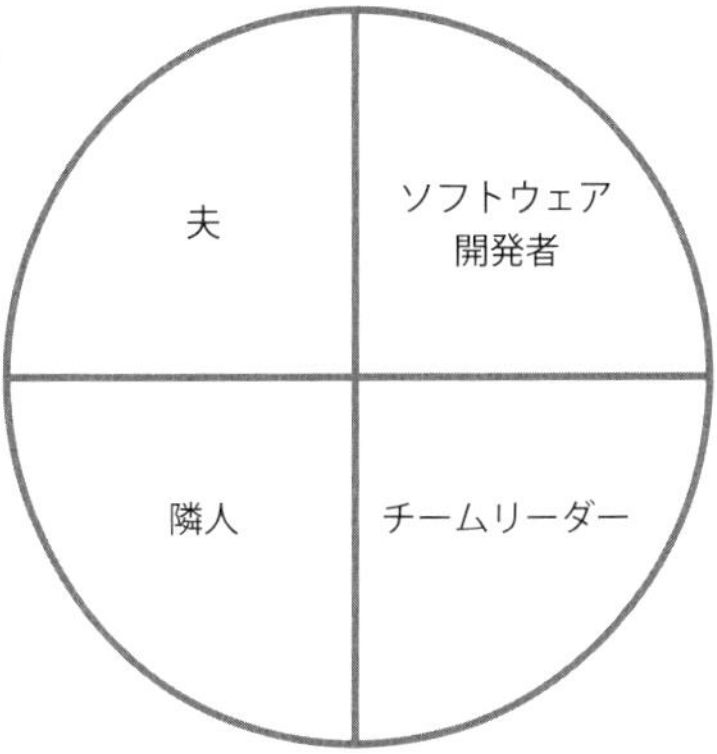

シェリー

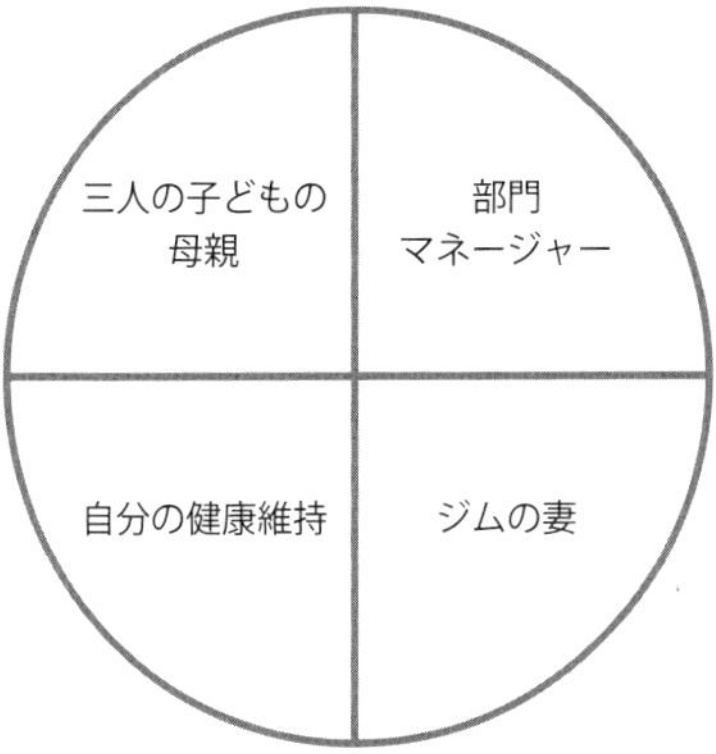

を表現しようと思う場所に存在するからである）

- （仕事か仕事以外かといった視点だけではなく）自分の生活に対するバランスのとれた見方
- 五〜七個程度のもっとも重要な役割

自分の役割をどの程度果たしているか

もっとも重要な役割をいくつか意識的に選び、ライフホイールに表したら、次にすべきは、それらの役割を現在どの程度果たしているか、脳の思考部位を働かせて自分を見つめてみることだ。あなた自身に対する評価は次のどれだろうか。

- 不十分：この役割における期待に応えておらず、費やす時間やエネルギーも少ない。
- 普通：この役割における期待には応えている。
- 卓越：この役割でとても有意義な貢献ができている。

こうした評価を行うのはなかなかつらいものである。だが、自分の目の前に鏡を置いて、自分の真の姿を直視することが重要だ。先の三人の場合、どのような結果が出るだろうか。それぞれの役割をどの程度果たしていると思うか、次ページにある図のように該当する位置に印をつけ、それを線で結ぶ。

クモの巣グラフを用いたこの演習は非常に直感的だ。その人の心の奥底にある率直な思いが、視覚的、具体的に表される。嘘偽りのない姿なのである。この図を通して自分の人生の現状を目の当たりにしたら、どう思うだろうか。目の前の結果をじっくり考えるにつれ、自分の中の理性と感情がどのような反応を見せるだろうか。その際に役だつヒントをいくつか紹介しよう。

●祝福しよう

しっかり果たしていると思う役割については大いに喜ぶべきであり、誇りに思ってよい。

●直視しよう

十分果たせていないと思う役割については、逃げずにしっかり見つめることだ。状況を全体的に見るようにしよう。仕事とプライベートの関係はどうか。バランスがとれているか。

キヴァ

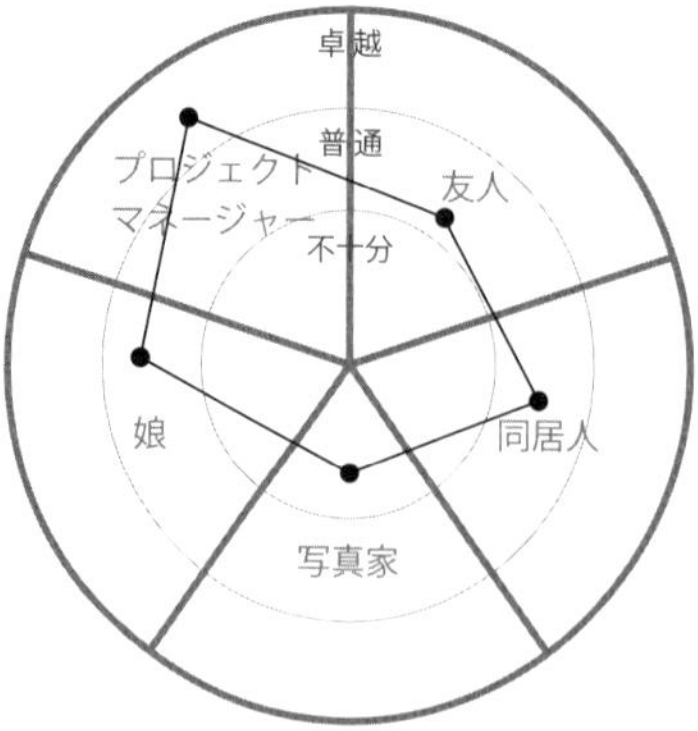

ジェイボン

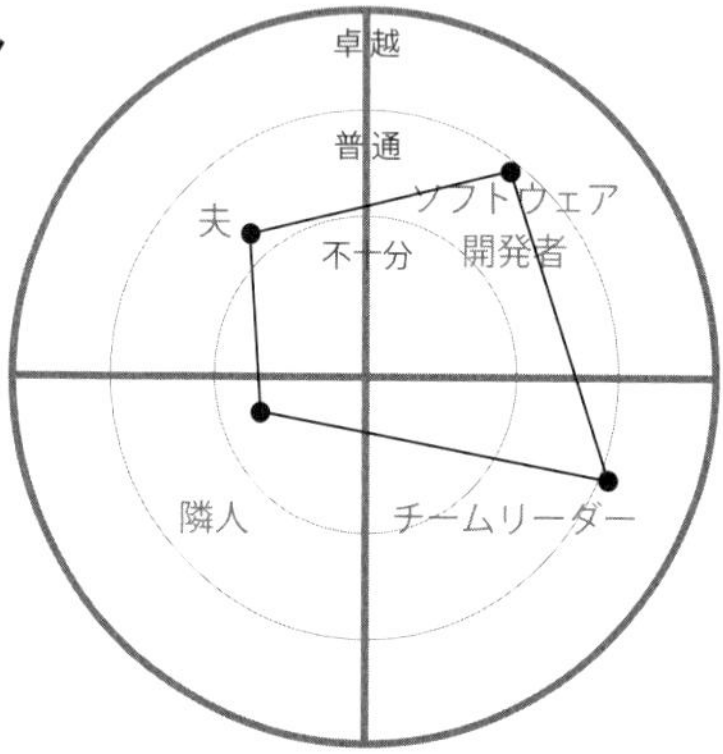

シェリー

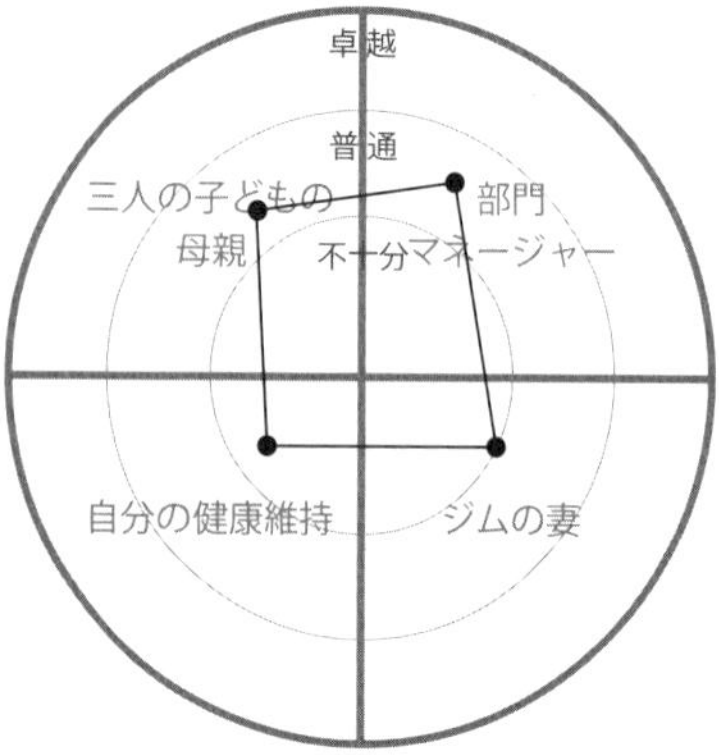

それとも、うまくかみ合っていないか。一つの役割に時間と集中力とエネルギーをかけすぎ、ほかの本当に重要な役割がおろそかになっているために、役割間でバラつきがあるか。

●確認しよう

自分に対する評価に自信があるだろうか。他者の意見を求める必要はないだろうか。夫として、妻として、あるいはそのほかの大切な人として自分は立派にその役割を果たしていると信じ切っている人を我々は大勢見てきた。ところが、その人のパートナーの意見を聞いてみると、そんな評価は吹っ飛んでしまう。冷や水を浴びせられるのだ。また逆に、自分が思っている以上に相手の評価が高いという場合もある。こうした評価は知っておいて損はなく、それを糧にさらに頑張ることだ。このように、職場や家庭で誰かに確認することは、自分が及ぼす影響や、自分を向上させることの必要性や願望を理解するのに役立つ。

評価と確認から成るこの演習は、頭の運動として実に効果的だ。だが、苦痛を伴う場合もあれば、その日その日の忙しさにかまけて、この重要な務めをおろそかにしてしまうこともよくある。自分は役割をどの程度果たしているか、多くの人はわかった気になっているため、正直に見つめ直すことをせず、自動操縦に頼りがちになる。この評価・確認作業は、脳科学を応用したものだが、脳の活動というのは、明確な目的のもとで行われるほうが活発化する特性があり、この特性を利用するとより優れた成果が得られるのである。

評価結果に落胆したら

正直な自己評価は時として、生きる意欲をなえさせてしまうこともある。残念ながらそういう心境になったら、次のようなことを意識しよう。

●自分を過度に責めない

私たちの脳は、自分の「欠点」にすぐに意識を向けがちである。良いことが数多く続いていても、悪いことが一つでもあればそれが気になり、大失敗だと思い込む。自分がこのような心境に陥っていることに気づいたら一呼吸おいて、もっと全体をバランスよく眺めるようにしよう。

●現実を正視する勇気も大切である

あなたが大切に思っている役割を十分果たせていない場合は、この演習が自己改革のきっかけになる。「勇気を出して現実を受け入れた以上、後は行動するだけだ。いつまでも目を背けているわけにはいかない」と思い切ることだ。

●希望を持つ

もっと自信を持って自分の役割に取り組むためのヒントをこの後紹介していく。先を読み進み、再びこの演習を行えば、より前向きな気持ちになれるだろう。自分の役割を定期的に見つめ直す中で改善すべき点が見つかれば、どこをどう変えるべきかわかるはずだ。

あるとき我々が実施したワークセクションでのことだった。休憩時間に一人の女性がやって来た。彼女は感慨深い出来事を経験していて、それを話したかったのだ。「私は数週間前まで、年老いた母を介護していました。でも、その母はもう亡くなりました」そこまで話して一呼吸置き、また続けた。
「母が亡くなった今、心にぽっかり穴が開いたような感じがしています。母の世話にかかりっきりだったため、私は人生におけるそのほかの重要な役割を無視していました。でも、どうしたらその埋め合わせができるか、今の私にはわかります。それと、ずっと脇に置いていた役割がいくつかあることに気づきました。それらの役割も含めると、きっと私のライフホイールは完成するんでしょうね」

この演習には、バランスのとれた生き方をしようという意志を固めてくれる効果もある。

我々の同僚であるリタは、有能な職業人としての役割と母親としての役割をバランスよくこなしている見本のような女性である。クライアントを相手にする我々のグループの一つでプロジェクト・マネージャーをしているが、勤務の形態はパートタイマーだ。彼女は仕事ができるため、この働き方は会社にとってもプラスになっている。クライアントのプロジェクトを一度に一つか二つしか引き受けず、子どもが学校に行っている間だけ働けるように、時間に関する希望を明確に伝える術《すべ》も心得ている。子どもが学校から帰宅するころにはオフィスからいなくなり、数時間は音信不通になる。その後子どもを寝かせると、また戻って来て働き始める。彼女は自分の役割のそれぞれについて成し遂げたいことを明確に設定していて、それに基づいてスキルやシステムを確立している。それがバランスのとれた生活を可能にし、両方の役割で自らの有能さと充足感を実感できるのだ。

リタのこうした働き方があなたにも有効とは限らないが、役割の内容やそれを果たすことに対する期待、果たすべき範囲を明確にし、バランスを改善するスキルを磨くという原則は、どのような仕事環境にも応用できるだろう。

役割を卓越したものにする

自分のもっとも重要な役割を特定し、評価する次に必要なことは、集中力やエネルギーをどこに注ぎ込むかという判断をより的確に行えるように、役割を変革することだ。それは、それぞれの役割における成功をどのようなものと考えるか、つまりは成功のビジョンを定めることが鍵となる。

- 役割に自分の目的と情熱を込めた名前をつける。
- 役割ごとにQ2役割ステートメントを作成する。

これら二つの手法は脳科学の理論に基づいており、あなたの想像力と意欲を引き出す効果がある。一日中難しい判断を迫られる人でも、心と頭の両方にこうした確かなよりどころがあれば、正しい選択ができるようになる。そうすると、Q2にずっととどまることが可能になるのだ。

役割に自分の目的と情熱を込めた名前をつける

満足のいく生活を実現するには、情熱がきわめて重要な意味を持つ。ダニエル・ピンクはベストセラー書『モチベーション3・0　持続する「やる気！」をいかに引き出すか』（講談社）の中で次のように述べている。

高い成果を上げる秘訣《ひけつ》は、人の生理的欲求や、信賞必罰による動機づけではなくて、第三の動機づけ――自らの人生を管理したい、自分の能力を広げて伸ばしたい、目的を持って人生を送りたい、という人間に深く根ざした欲求――にあると、科学的に証明されている。[2]

そのほかの研究においても、明確かつ説得力ある目的はストレスを緩和し、職務遂行能力を引き上げ、エネルギーを増進し、燃え尽きるのを防ぐことがわかっている。[3]

そうした精神や意欲を引き出す簡単な方法は、あなたがその役割の中に見て感じる自らの情熱と目的について深く考えることだ。あなたの役割に関係する人たちを思い浮かべながら、これを頭の中ではっきりイメージしよう。あなたは母親として、管理者として、また友人として、どのような貢献をしたいだろうか。

貢献したい、達成感を味わいたいという気持ちは、人間としての自然な要求である。あなたは成功というものの姿をどのように思い描くだろうか。あなたの理性と感情の両方を駆り立てるものは何だろうか。ある役割における目的をより深く考えるにつれ、感情がこみ上げ、これまでにない気づきを得て、役割の重要性を理解することになる。ただ、その一方で、自分が日々のプレッシャーや多忙さによって翻弄《ほんろう》されていることもあなたはわかっている。

この理性と感情を駆り立てるエネルギーを失わないようにするには、あなたの役割に新たな呼び名を考え、それを心が揺れ動かないように固定する「錨《いかり》」にすることだ。あなたの中にどのような感情が湧き上がっているだろうか。たとえば、父親としての役割について考えるとき、あなたの心にどのようなことが浮かぶだろうか。指導者、道しるべ、さらには父親としてのその役割において、何らかの達成感を感じているだろうか。職場でマネージャーの役割であれば、忙しい日の真っただ中でも、コーチ、革新的リーダー、あるいは人材育成者としての役割を果たすことが、あなたにできる最大の貢献だと思うだろうか。

役割にこのような名前をつければ、あなたのエネルギーはさらに高まるはずだ。より優れた判断を日々行い、その役割において卓越性を達成しようという意欲が増すだろう。だから、あなたの役割にそうした意欲を引き出すような呼び名をつけるようにしよう。

キヴァが自分の役割に新たな呼び名をつけるとしたら、次のようになるかもしれない。

変更前	変更後
プロジェクト・マネージャー	プロジェクト・リーダー
友人	不変の友

同居人	サポーター
写真家	ビジュアル・アーティスト
娘	激励者

呼び名をつけるうえで大事なことは、誰かほかの人にとって意味があるとか、印象的なものにするということではなく、あなた自身の意欲を引き出すようなものにすることだ。思いきり独創性を発揮しよう。意味があって、より強い目的意識を喚起するようなものを考え、積極的に用いることだ。以前から使用している呼び名が情熱をたぎらせてくれるのであれば、それをそのまま使えばよい。

要は、あなたの役割のそれぞれにおいて最大の貢献を成し遂げるうえで必要な情熱や目的意識を感じさせてくれるような名前を用いるということだ。あなたが担っている役割のいずれか一つについて、しばらく時間をかけて幅広く、深く考えてみてほしい。あなたが思い描く成功はどのようなものだろうか。それを象徴するような表現を呼び名にするのだ。気に入ったものが見つかったら、さらにほかの役割についても考えてみよう。

役割ごとにQ２役割ステートメントを作成する

役割の呼び名を工夫することも重要だが、さらに強力なツールがある。その役割において成功するとはどういうことか、あなた自身のイメージ、あるいはビジョンを具体的に示すことだ。成功するためにあなたが行うであろう活動も含め、それを「Q２役割ステートメント」として書き出すのだ。特にそのビジョンを実現するプロセスを具体的に描写すればするほど、脳が備える機能によって、その達成に向けた活動に励む意欲が増すだろう。[4] 要するに、あなたが追求する結果と、その実現に役立つ重要な活動や手法を明示した簡単な文書を、それぞれの役割について作成するということだ。といっても、測定可能な具体的な目標値などまで含める必要はない。それはもっと後の段階でやることになる。目標／計画／決定という後の段階の指針となるような結果や活動を組み合わせて書き出せばよい。具体的には、以下の形式が考えられる。

私は～として	～を実現します	そのために……
役割名	卓越した成果	活動

たとえば、ジェイボンは夫としての役割の肩書きを「夫」から「カリシャの最良の友」に変更したならば、次のようになるかもしれない。

私は〜として	〜を実現します	そのために……
カリシャの最良の友	信頼、安心、相互発見に基づく永続的関係を構築する	私のあらゆる活動や他者との交流の中で彼女の目標と夢を積極的に共有し、充実した時間をともに過ごし、彼女の完全な信頼を得る

このステートメントは、前頭前野にある思考部位を働かせて思考やエネルギーを大いに引き出すことをねらったものであり、それは意識的、意図的な活動である。ジェイボンの場合、この役割における成功をこのように有意義かつ明確に定義することで、日々自分の時間や集中力やエネルギーの配分方法が多様になるだろう。彼が自らのウィークリー／デイリーQ2プランニング（「第3の選択」参照）の一環としてこのステートメントを継続的かつ意識的に考えることができれば、彼が求

める「信頼、安心、相互発見に基づく永続的関係」をつくり上げることができるだろう。そして、彼とカリシャ両方の人生はより豊かなものになるはずだ。

もう一つ、キヴァのケースについて見てみよう。

私は〜として	〜を実現します	そのために……
プロジェクト・リーダー	可能性の限界に挑戦し、広げていくことのできるチームをつくる	プロセスの明確化とテクノロジーの向上によってチームの創造力を解き放ち、顧客を引きつけることのできる分野を見きわめる

キヴァの場合、熟慮の結果生み出されたステートメントであることは明らかだ。五分間ほど頭を絞ってできる代物ではない。だが、意外にも、自分が達成したいと思うことを的確に要約したQ2役割ステートメントを瞬時に思いつくこともよくある。それは、私たちがもっともよくわかっている自分の生活をベースにしてつくるものだからであろう。

役割ステートメントは、一度書けば完成というわけではない。現在もっとも重要な役割であっても固定的ではなく、絶えず変化するのだ。三歳の息子を持つ父親の役割ステートメントは、その息子がやがて十代になり、さらに親になるころには変わってくるだろう。その意味で、このステートメントは棚にしまったり、本の後ろにしまい込んだりしてたまにしか見ない、というものではない。今のあなたの生活を映し出している、まさに生きた文書なのだ。今のあなたにとって重要なこと、成し遂げた姿を書き出したものである。あなたがこのステートメントに関心を持ち、ワクワクした気持ちで眺め、必要に応じて調整し、その内容を実現させていけばいくほど、あなたの頭の中が整理されるはずだ。そして、判断を適切に行うための基準が確立され、最優先事項を日々達成できるようになるのである。その際に必要なことは、あなたの今の生活における重要な役割のそれぞれにおいてもっとも重要な点は何であるかと、脳の反応部位を鎮めて思考部位を働かせながら自問自答することだ。こうして熟慮することにより、それぞれの役割について直感的に浮かんでくる考えや気持ち、潜在的洞察を敏感に感じとらなければならない。

Q2役割ステートメントは自分自身の鏡である

こうしたステートメントをわざわざ作成することにより、前々から心の中にありながら表面には現れなかった、自分自身に対する期待が明るみに出ることがある。そうかと思えば、自分の人生とはまったく無関係な期待に直面することもある。断っておくが、このステートメントは、ある役割において卓越するとはどういうことか、他者が考えた定義を書くものではない。あなた自身の定義を書いてほしい。あなたのQ2役割ステートメントは、あなた自身の人生の特別な状況や現状に基づいたものでなければならない。

ミカエラの場合、自分の役割として頭に浮かぶのは、母親としての役割だった。ただ、「母親として卓越する、とはどういうことか?」とさらに自分の胸に問いかけると、プレッシャーと罪の意識に襲われるのだった。これは彼女にとって、常にフラストレーションがたまるテーマだったのだ。彼女自身は、母親が始終家にいて、何もかもきちんとやっているような家庭で、大きな期待をかけられて育った。母親は子どもたちの宿題を手伝ったり、学芸会に参加したり、子どもを公園に連れて行ったりと、子どもたちに多くの時間を費やした。彼女から見た母親は、いつも変わらず完璧といってもいいような存在だった。家の中は常に清潔に保たれ、何もかもが整頓されているように見えた。

対照的にミカエラは何とか必死にやっているという状態で、仕事と家庭とコミュニティという三つの役割のバランスをとるのに苦労していた。家の中はほとんどいつも散らかっていて、五歳の娘との関係もろくに築かれていなかった。つい先週のことだった。仕事を終えて帰宅すると、娘が帰ろうとするベビーシッターのあとを泣きながら玄関まで追いかけて行った。彼女の心は張り裂けんばかりだった。こうした気持ちに襲われたときは、この役割から逃げ出したい気分になった。だが、そこで彼女は思った。「ちょっと待って。働きながら娘を育てている今の自分の境遇の中で、卓越とはどういうことだろうか？」。さらに考えていくうちに、彼女は気づいた。自分とはまったく異なる立場の人の期待を自分自身に課して、それを達成できないからといって自分を責めているのではないか、と。

それで、彼女は頭を切り替えた。「娘は自分にとってかけがえのない存在であり、それに比べたら、家の中がきちんとしていることなどさして重要ではない。自分にはもっとほかの選択があるんだ。そうすれば、出勤前や帰宅後、さらには週末における娘との過ごし方も変わってくるかもしれない」。ミカエラは、自分がそれまで無意識にしがみついていた成功の定義をかなぐり捨て、自分にとっての卓越というものを考え始めた。すると彼女の心に、安堵《あんど》の気持ちと将来に対する希望の両方が芽生え始めたのだった。

ミカエラの経験は決して特殊なものではない。調査結果によれば、特に女性は数多くの役割を担ううえに、その役割を果たそうとしているときに経験する事柄も広範囲に及ぶため、押し潰されやすい傾向が見られるという。こうした状況を「役割過重」と呼ぶ。そこで、役割の一つひとつに目を向けるだけでなく、全体としてうまくかみ合っているかどうかを見ることが重要なのだ。[5]「全部できる、という考え方自体が間違いなのです。それは無理というもの。自分にとって一番重要なことに時間をかければいいのですよ」これはある女性の言葉である。[6]

役割間のバランスをとる

ハイテク技術が普及し、社会が二四時間休みなく動き続け、いつでも仕事ができる。こうしたライフスタイルが主流になっている今日では、役割間のバランスをとることが特に重要となる。個人の生活がモバイル端末によって常時社会とつながり、昼夜を問わず、いつメールやショートメッセージが届くかもしれず、テレビ電話だって可能だ。境界を設けようと思ったら、自分でつくって他人と折り合いをつけるしかない。

通信技術のこれほどまでの進歩は、人々の生活のバランスを乱す危険性をはらんでいる。だが、複数の重要なQ２役割を自分の生活の中でうまく果たすための明確な線引きができていれば、こうしたテクノロジーは私たちの自由度を高めてくれる可能性も秘めているのだ。

知識労働では、その創造的性質ゆえに、朝の五時に優れた考えやアイデアがひらめき、午後二時ころに生産性が最低になる可能性もある。こうした現実に順応している組織や個人は、オフィスで人と人が顔を突き合わせている時間よりも、成果のほうに関心を持つ。我々が知っているいくつかの組織では、スタッフが水曜日の二時に退社して山にサイクリングに行ったりする。その人はその晩自宅で六時から一〇時半まで、国際ビデオ通話に参加することになっているからだ。つまり彼女は、職場での役割を果たしつつ、自分の健康を維持する役割にも時間をかけているのだ。一連の明確な期待される成果を取り決めているため、遠慮なく堂々とサイクリングにも行くことができ、かつ夜間のビデオ通話も苦にならないのである。

　このケースでのバランスは、八時間オフィスで勤務した後、すぐに帰宅して家で過ごすという単純なものではなく、一方（の役割）が上がればもう一方（の役割）が必ず下がるという天秤《てんびん》のような話でもない。むしろ、型にはまった動きをする優美なダンサーや熟練した武術家が醸し出すようなバランスに近いかもしれない。このような状況におけるバランスは相互作用的で、絶えず動いている。その形態は時とともに変化し、時に速く時に遅いが、中心は常にとれているのだ。あなたが人生において目指すべきは、さまざまな役割すべてをつなぐ調和した関係をつくり出すことであり、それが、その瞬間も、そしてしばらく経ってからも満足感や達成感を生み出すのである。

　ではここで、あなたの役割のそれぞれについて役割ステートメントを作成してみよう。役割の呼び名については、本章の冒頭で考えた独創的なものを使用してかまわないが、ここで別のものを考えてもよい。呼び名を決める際は迷うこともあるだろう。あなたが目指す結果がはっきりわかるもの、それを達成しようという意欲を生じさせるものを選んで、Q2役割の呼び名と役割ステートメントを完成させてほしい。

役割を具体化する：Ｑ２目標の設定

現在自分にとってもっとも重要なＱ２役割における成功の確率を高めるには、きわめて具体的で測定可能なＱ２目標を役割ごとに一つか二つ設定するとよい。目標設定の仕方はいろいろある。たとえば、ＳＭＡＲＴ（具体的／測定可能／達成可能性／重要性／期間限定）などは聞いたことがあるだろう。それぞれの目標を実現してきた世界中の個人や組織と関わってきた我々の経験からすると、次の簡単な形式を用いるのが最善だ。

いつまでにＸをＹにする。

特定の時点（いつ）までに特定の結果（ＸとＹ）を変化させるということだ。具体例を示そう。

- 六月一七日までに一〇四キロの体重を八二キロまで減らす。
- 一二月三一日までに一〇〇万ユーロの売上を一八〇万ユーロまで増やす。

● 高齢の父親への連絡を週〇回から三回にする。
● 私の収入に占める貯蓄率を一月一日までに一五％から二〇％に引き上げる。

ただし、目標の中には測定しづらいものもある。人間関係についての印象やキャリアに対する満足度などを改善する、といった場合がそうだ。だが、こうした状況においても、次の例のように主観的尺度（一～一〇など）を設定して現状と進歩を測定することは可能だ。

● 妻の自分に対する信頼度を三月三一日までに五から八に引き上げる。
● 自分の職務満足度を五月一七日までに七から九に改善する。
● 人前でのスピーチに対する自信を二月一日までに二から五まで引き上げる。

場合によっては、さまざまな時点における自分の現状を、自分の姿を鏡に映して見るようなつもりで正直に評価するという測定方法もある。夫婦間での信頼の強化といった目標については、相手に尋ねれば測定できるだろう。いずれにせよ、目標は具体的で測定可能であればあるほど、脳の関与が強まり、達成できる確率が増すことは間違いない。

目標が設定されると、それを達成するために具体的にどのようなことをする必要があるかが決まる（体重に関する目標なら運動や食事、売上の目標なら顧客への電話セールスなど）。そうしたら、毎週それに基づいて着実に努力することだ（この点については次章で取り上げる）。ただし、目標をやたら設定しすぎず、Q2役割ステートメントに記したビジョンや情熱としっかり関連づけることが重要である。目標達成の分野における権威、ハイディ・グラント・ハルバーソン博士は次のように指摘する。

私たちはえてして、非常に有意義かつ困難な目標を自分自身に設定するのを躊躇《ちゅうちょ》するものです。でも、千をはるかに超える数の調査が証明しています。困難で、しかも具体的な目標を自らに設定した人は、「まあ、できるだけ頑張るよ」などと言うだけの人より、成功率も、自分の人生に対する満足度もはるかに高いのです。[7]

Q2目標を設定するということは、いくつかの事柄に自分の集中力とエネルギーを注ぎ込み、ほかのことには目をくれないという決意を意味する。したがって、目標選びは、Q2役割ステートメントを作成したときのように、慎重かつ意識的に行う必要がある。そうすれば、ほかにも何か並行して取り組んでいるものがあったとしても、努力に見合うだけの成果が得られるはずである。

目的意識が生み出す効果

この章では、Q2役割とQ2目標を設定することの重要性について述べてきた。あなたが一日を通して行う判断の指針となれば幸いだ。こうした枠組みを活用すれば、最高の価値を生み出すために日々集中力とエネルギーをどこに費やすべきかを判断できるようになる。

役割や目標を明確にすると、脳の意欲中枢を刺激する効果があるばかりか、私たちが生きていくうえでのもっとも深遠な目的にまで考えが及ぶようになる。私たちが担う役割は、私たちのもっとも大切な人間関係、もっとも深い喜び、最大の貢献や願望を含むものであり、私たちの心や精神にまで入り込むのだ。ダニエル・ピンクは次のように指摘する。

> 我々はビジネスにおいて、「どうやってやるかお話ししましょう」などと、「どうやって」にはこだわるが、「なぜそれをしているのかお話ししましょう」など、「なぜ」はめったに口にしない。しかし、自分がなぜそれをしているのかがそもそもわからなければ、並外れた成果を上げるのは難しいものだ。[8]

Ｑ２役割やＱ２目標についてじっくり考えると、動機や優れた成果に対する見方がより深まるはずだ。

楽な気持ちで始めよう

「平凡に満足せず、卓越を目指す」という第２の選択の原則および手法を導入するための簡単な方法を紹介する。あなたにもっとも適したものを選んで実行してみてほしい。

- あなたのもっとも重要な役割を特定し、それをライフホイールに書き込むとわかりやすくなる。
- クモの巣グラフを用いた演習で個々の役割におけるあなたの現状を評価し、十分に果たしているものについては自分を褒める。
- 重要な役割の中で他者の評価が必要だと思うものを選び、適切な人に尋ねる。
- 一つの役割を選び、Ｑ２役割ステートメントを作成する。最初から完璧に仕上げる必要はなく、一日二日したら内容が適切かチェックして、より良いものにバージョンアップしていく。

● あなたが重要だと思う目標を一つ選び、それを「いついつまでにXをYにする」の形式で表す。

この章のまとめ

- 卓越した生産性とは、毎日満足感と達成感に包まれて眠りに就くということである。
- 日々の生活の中で自分が現在果たしているもっとも重要な役割をいくつか特定することにより、バランス、意欲、充足感を得るための枠組みが得られる。
- Q2役割の呼び名とQ2役割ステートメントに自分の意欲をしっかり埋め込むと、自分の時間とエネルギーを日々どこに費やすべきか、適切に判断する能力が身につく。
- 自分が役割をどの程度果たせているか正直に評価することにより、その役割をより卓越したものにすることができる。
- Q2目標を具体的に設定することで、私たちの脳をより生産的な方向に向けることができる。

第二部
集中力の管理

第3の選択
小さな石に飛びつかず、大きな石をスケジュールする

集中力という資源がいかに枯渇しているか……集中力を理解し管理することこそ、事業の成否を決めるもっとも重要な要素だ。

――トーマス・ダベンポート／ジョン・C・ベック[1]

成し遂げるべき重要なことは何か、と考えることと実行することとは別の話である。重要なことを実行に移すためには、しっかりとした計画立案を促す体制やプロセスが整備されていなければならない。そうしないと、これまで説明してきたQ2役割ステートメントやQ2目標は単なる願望で終わってしまう。「第1の選択」と「第2の選択」は、自分の集中力やエネルギーを適切に使うために優れた判断をすることがテーマだった。それに対し、本章で述べる「第3の選択」と次章で扱う「第4の選択」は、毎日の終わりに達成感を味わえるようにするために、自分の意識をいかに意

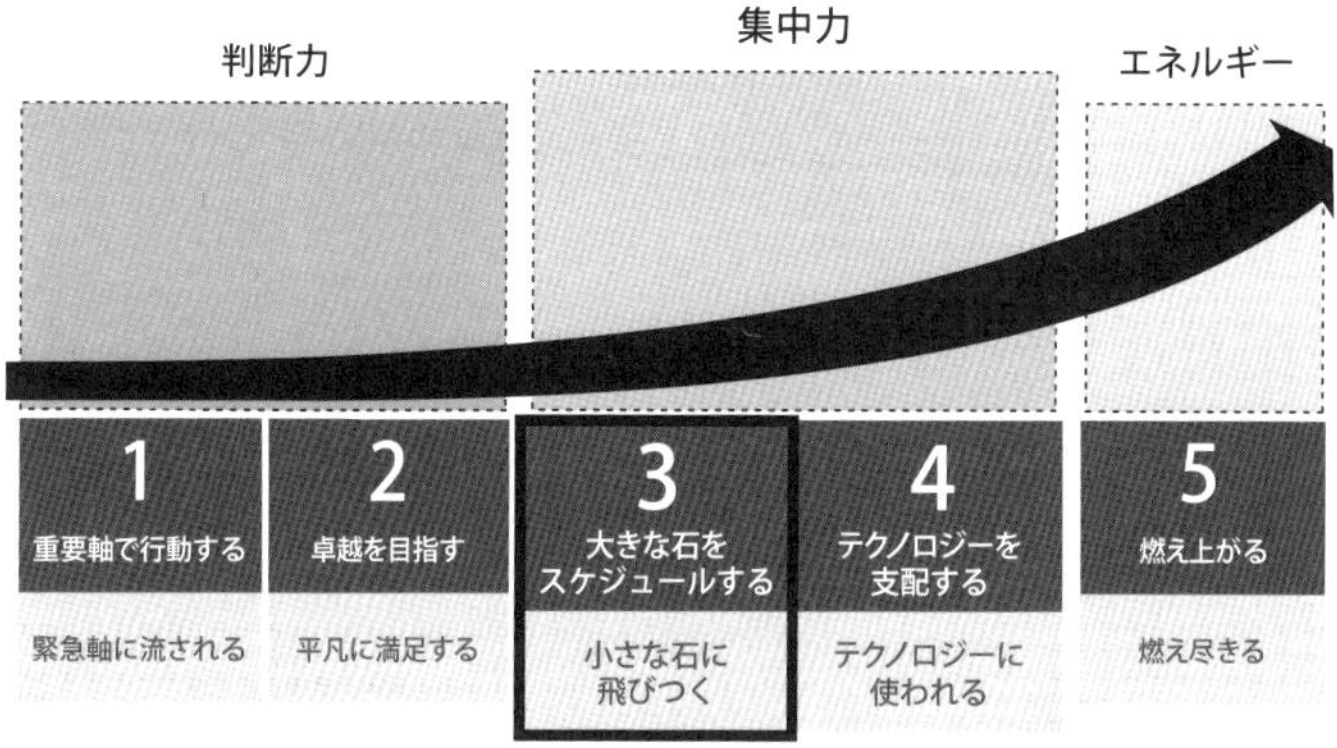

図的に集中させるかがテーマとなる。

大きな石と小さな石

ここでいう「大きな石」とは、私たちの生活においてQ2に分類される優先事項のことであり、大切な人間関係や責任、重要なプロジェクトや会議などのことだ。つまりは、Q2役割ステートメントやQ2目標に書き込んだ活動である。

それに対して「小さな石」は、私たちの生活の中に無数に転がっているメールや電話、暇潰しなど、大して重要でない事柄を表す。これらの事柄は、本来大きな石に費やすべき時間や集中力を奪うことになる。次ページの下の絵を見てほしい。このバケツがあなたの生活全体だとすると、どちらのほうがより大きな達成感が得られそうだと思うだろうか。

小さな石から先に入れたバケツを選んだ方は、困った状況に陥る可能性が高い。なぜなら、些細《ささい》な事柄をすべて先に詰め込んでしまって、後から重要な用件を詰め込もうとしているからだ。今日の世界では、小さな石がひっきりなしに押し寄せてくるため、このやり方ではうまくいかないだろう。朝からダンプカーが続々とやってきて、荷台に山のように積まれた小石を下ろしていく光景を思い浮かべてほしい。毎日がそんな感じなのだ。それに対して、大きな石から入れたバケツを選んだ方は、「第3の選択」のキーコンセプトをマスターする一歩手前まできている。キーコンセプトとは、まず大きな石を詰め、避けられない小さな石を大きな石の隙間に詰めると生産性が向上するということだ。

そのためには、小さな石の分類から始めたのでは決してうまくいかないことに気づく必要がある。このやり方では勝ち目がないのだ。む

しろ、何がもっとも重要かをまず判断し（第1の選択と第2の選択）、それから貴重な集中力やエネルギーを真っ先にそこに注ぎ込めるように一週間や一日のスケジュールを組むようにする（第3の選択）。これを機能させるためには、数多くの些細《ささい》な事柄を意識的に排除しなければならない。だが、心配はいらない。実際、その多くは自ら課したQ3の事柄であり、これがQ2に専念するのを妨げているのだ。左のバケツのように、小さな石の一部は思い切ってバケツの外に置いたままにすればよい。

古い時間管理の手法では、一人ひとりに与えられた時間の長さは皆同じであり、その時間の中により多くの仕事を詰め込む、という発想だった。たくさん詰め込んだ人は生産性が高いというわけである。ところが今日では、より多くの仕事を済ませるよりも、適切な用件、すなわち重要な事柄を自分なりの最高のクオリティで成し遂げることこそ、真の生産性とみなされるようになった。より少しのことでより多くのことをするのではなく、より少しの事柄についてより多くのことをするということだ。避け難い小さな石が私たちの生活に氾濫《はんらん》している中で、本当に重要な少数の優先事項にまさに最高の意識とエネルギーをより集中的に注ぎ込み、それを達成するのだ。

本章ではこの後、Q2プランニング、つまり重要な事柄を成し遂げるための計画に欠かせない原則やプロセスについて説明する。

プランニング作業を軽減するマスター・タスクリスト

Q2プランニングの作業に取り掛かる前にマスター・タスクリストを作成しておくと、本番の作業がやりやすくなる。あなたはすでにタスクリストをつくっているだろうか。つくっているとしたら、複数持っているだろうか。あるいは、重要なタスクを思いつくと、たまたま手元にある紙に書き留めたりするタイプだろうか（この方法は多くの人がやっているが、その紙をバッグや財布に入れておいて後で見ようと思っても、それっきりになることが多い）。やたら長い一覧表の中から必要な情報を見つけ出したり、デスクの下に落ちたメモの紙切れを探したりすることに時間を費やすのは、どの領域に分類されると思うだろうか。

この二一世紀において、マスター・タスクリストは、自分の意識をQ2に向け続けるのに有効な必須ツールの一つといえるだろう。適切な使い方をする限りにおいて、次々と発生する緊急事項を識別・整理し、最優先事項にのみ私たちの目を向けさせてくれる、もう一つのフィルタとして機能するからだ。マスター・タスクリストを作成するねらいは、生じたタスクをもれなく記載した一元的なチェックシステムを備えることにより、いちいち覚えなくてもよいようにすることにある。それで、Q2プランニングを行う際、このリストを見れば検討すべき重要な事柄がすべてわかると思えば、自信を持って活用できるだろう。

マスター・タスクリストを使用する際の基本的手法は、何か用件が発生したとき、ゴミ箱に捨てるか、このリストに加えるかのどちらかとし、頭に記憶したりはしない。つまり、判断力を直ちに発揮して、その扱いを決めるのだ。脳内の貴重な作業記憶領域を使って、意識の中にとどめておいてはいけない。こうした判断を行う際、「時間管理のマトリックス」が大いに役立つ。詳しく見てみよう。

●Q3／Q4はゴミ箱へ

この二つの領域に分類されるタスクは、そもそも重要ではない。したがって、Q3またはQ4の事柄を無事取り出すことができたら、ゴミ箱に捨ててしまえばよい。押し寄せてくる小さな石を放置すれば、それだけでいっぱいになってしまうが、しっかり識別して排除したということだ。適切に処理したことが脳に伝わるように、心の中でハイタッチをしてから先に進むようにしよう。

●Q2／Q1はマスター・タスクリストへ

Q2またはQ1に分類される重要なタスクはリストに加え、後で時間と集中力をそれに費やすという意志を記録する。そうすれば、頭の中に宙ぶらりんの状態で維持する必要はなく、それを完了させることに専念できるようになる。タスクをリストに書き留めた時点で、それを成し遂げる確率は高まる。すると気持ちが楽になり、より重要な事柄に意識を集中できるはずだ。

ただし、後にプランニングを行う際にこのリストを眺めると、当初は重要であったタスクが、状況の変化によって重要ではなくなる場合もある。その意味で、このリストに過度にこだわるのはよくない。重要でなくなったタスクは、躊躇《ちゅうちょ》なくゴミ箱に捨てるべきだ。ゴミ箱行きかリスト行きかの判断に迷ったときは、頭の中で次のチェックを行うとよい。

- Q3の事柄をリストに加えようとしていないか?
- 他者が果たすべき責任を自ら買って出ようとしていないか?
- Q1のタスクについて、その発生を未然に防止する方法を見つけていないがために、何度も

リストに加えていないか？（そうであれば、防止方法を工夫する作業を新たなQ2のタスクとして書き入れる）

- 他者に委ねるべきタスクを加えていないか？（そうであれば、委ねるようにタスクを変更する手もある）

マスター・タスクリストを活用すると、あるタスクを実行する必要があるか否かについて、「時間管理のマトリックス」を基準にして判断できるようになる。答えが「ノー」であればゴミ箱行きとし、「イエス」だからといって安易にリストに加えてはいけない。忘れてもよいようにと、片っ端からリストに加えるのはいただけない。これでは、小さな石の寄せ集めになってしまう。リストに加えない、というのも一つの立派な判断なのだ。大きな石、すなわちQ2役割とQ2目標にもっと意識を集中しよう、という積極的な選択をしたのだ。重要かどうかの見きわめがつかない事柄や、正確に判断するには時間がもっと必要というものについては、とりあえずリストに入れておけばよいが、判断するのが面倒でリストに入れるのはもってのほかである。

仮にマスター・タスクリストを作成しないとしたら、いつまでも寝つけずに寝返りを繰り返す夜が増えることだろう。本来ならリストに加えるべき重要なタスクがあれこれ、まるで壊れたレコードのように頭の中を駆け巡ることになるからだ。また、明日は数多くの決定事項や用事が自分を待っていることがわかっているため、プレッシャーも感じるだろう。こうした事柄をリストに加えずに頭の中に記憶するとなると、脳内の作業記憶領域をほかの重要な事柄に振り向けられなくなる。

マスター・タスクリストの基本的な部分が理解できたところで、これがQ2プランニングにどう役立つか見てみよう。

Q2プランニングと三〇／一〇ルール

ウィークリーQ2プランニングに毎週三〇分、デイリーQ2プランニングに毎日一〇分費やすと、一日の終わりに達成感を抱く確率が飛躍的に高まる。Q2プランニングとは、一時間ごとの計画を立てるプロセスである。人間の目標と達成に関する優れた研究で知られるハイディ・グラント・ハルバーソン博士は、次のように述べている。

どんな目標であれ、それを達成するためのもっとも効果的な戦略の一つが計画の立案です。これを適切に行えば、成功率は平均して二〇〇％から三〇〇％上昇します。[2]

Q2プランニングでは、心を鎮めて脳の思考部位を働かせ、意識的に、そして意図的にまず大きな石から予定に組み込み、それらが確実に達成されるようにする。どうして毎週三〇分も必要なのか、と疑問に思うかもしれない。それは、脳の準備に数分はかかるからだ。この準備を怠ると反応部位を働かせてプランニングを行うことになり、そうすると緊急性に基づいて予定を組んでしまう。それに対して、思考部位を使って行うと、重要性を基準に据えることができるのだ。時間を十分とり、雑音を遮断して意識を集中し、脳を活性化させてから行うと、「最優先事項は何か？」という、まったく異なるアプローチをとるようになる。その結果、より明確かつ正確な結果が得られるのである。

仏教の僧侶で、思索や神経科学分野の権威でもあるテンジン・プリャダルシは次のように指摘する。

平静がなければ、静寂は得られない。静寂がなければ、洞察は得られない。洞察がなければ、明快さは得られない。[3]

Q2プランニングを実践するのに悟りの境地に達する必要はない。だが、このプロセスに思慮深く取り組むならば、いっそうの洞察と明快さが得られ、あなたの生活の中の大きな石が小さな石に埋もれてしまうようなことにはならないはずだ。

Q2タイムゾーン

効果的なウィークリー／デイリーQ2プランニングを行うための準備として、非常に有効な手法がある。それは、「Q2タイムゾーン」なるものを設けることだ。Q2の優先事項が確実に実行されるように、前もって一定の時間を確保してしまうものだ。反復行動でも一度限りの行動でも先まで予定を組むことにより、週が変わってもQ2の時間がすでに確保されているというメリットがある。例をいくつか見てみよう。

- 朝のエクササイズを日課にしようとしているキヴァの場合、毎朝六時半〜七時半の時間帯を、リビングルームに行ってヨガのプログラムを行うために確保する。彼女のデジタル式カレンダーには、反復予定として設定すればよい。ある調査によれば、エクササイズの具体的な時間と場所を予定に組み込むだけで、決意どおりに継続できた率は三二％から九一％に上昇したという。[4]

- ジェイボンの場合、朝が考え事をするのに最適なら、毎日または特定の曜日に一、二時間をそのための時間帯として確保する。そして、午後の一部を会議に充てるようにすれば、会議の時間もとれ、朝の考え事をする時間も妨げられないだろう。
- シェリーの場合、夫との時間を毎週とりたいのであれば、金曜日の夜を定期デート用に確保する。
- 経営幹部として毎日仕事に追われ、突然出張の予定が入ることも多いブラッドの場合、数ヵ月先まで見通して出張用の時間を割り振ることが可能だろう。また、さらに休暇などのための時間を確保し、余程のことがない限りほかの目的には使わないことにする。

ジェイボンの場合、Q2タイムゾーンを設定すると次のような一週間になるだろう（次ページの下図参照）。

ウィークリーQ2プランニング

マスター・タスクリストの作成とQ2タイムゾーンの設定が終われば、準備は完了した。次はいよいよ、一週間の計画を立てる作業に入ることになる。静かな場所で三〇分間以上の時間をとり、次の作業を行う。

1．自分の役割と目標を見直す

Q2役割ステートメントとQ2目標に記載した、自分の人生のビジョンと関連させながら意識的に考えてみよう。この作業をいい加減にやってはいけない。あなたの情熱と意欲をもう一度呼び覚ます大事な作業だからだ。これらを定期的にチェックしないと、日々の忙しさに翻弄《ほんろう》されることになる。そうす

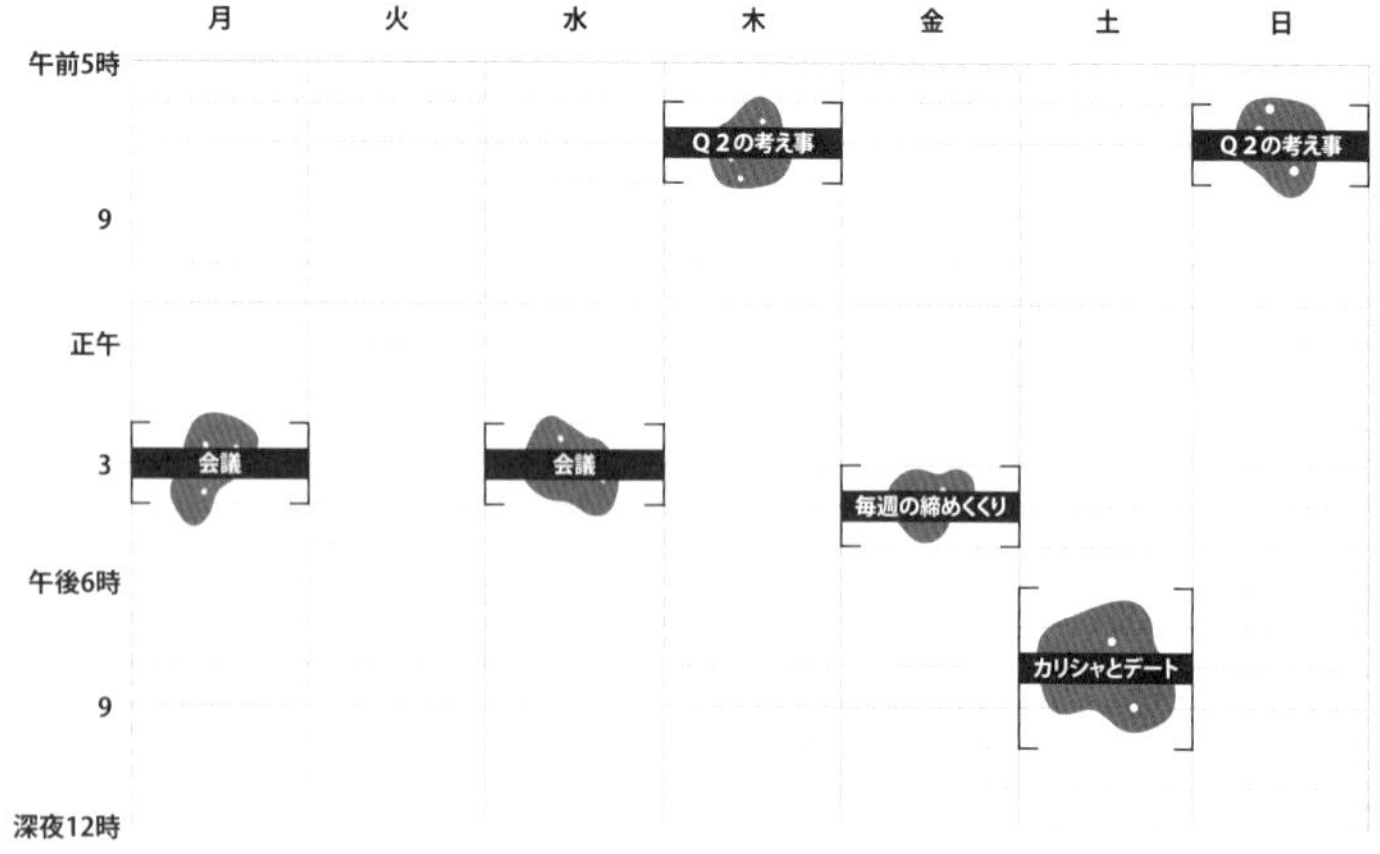

ると、あなたの脳は目前に迫った緊急事項に振り回され、そのビジョンは記憶のかなたに葬られてしまうだろう。だから、それらを一定の形式で記録し、容易に見返すことのできる場所にとどめておくことが大切なのだ。神経学的にいうと、優れて生産的であるためには、ビジョンはまさに意識の最上層、具体的には前頭前野の思考部位に置かれていなければならない。ここにあってこそ、時間や集中力やエネルギーを費やす価値のある重要事項を、すべての緊急事項の中から識別することが可能になるのだ。

2. 大きな石をスケジュールする

自分の役割や目標との関連づけが済んだらマスター・タスクリストを見つめ直し、大きな石について次の点を自問自答しよう。

この役割に関して自分が今週できる最優先事項（一つか二つ）は何か？

自分の生活における役割の一つひとつについて熟考すれば、この問いかけに対する答えはおのずと思い浮かぶだろうし、理性的に考えても出せるはずだ。今週中に期限が来る大型プロジェクトなど、かなり明白なものもいくつかあるかもしれない。大切な人間関係について行うべきこと、週内に予定されている大きな会議に向けた準備など、さほど明白でなく、高度な判断力を要するものもあるだろう。生活していく中で発生するこうした事柄はすべて、あなたの脳のどこかに記憶されている。だが、あなたがそれらのより微妙な関連性や感情に耳を傾けることを怠れば、来るべき週において、あなたはせっかく大きなリターンが期待される重要事項に気づかずに終わってしまう恐れが大きいのだ。

ただ、注意してほしいのは、最初はマスター・タスクリストの中になくてもこうした重要な事柄が存在する可能性があることだ。このような微妙な事柄は、日々の雑音や忙しさの中に紛れ込んでしまって目立たなくなることが多い。しかし、自分のQ２役割やQ２目標を冷静に、思慮深く考えるようにすれば、どこに自分の時間と集中力とエネルギーを費やせば最大のリターンがもたらされるか、素晴らしい洞察を得られるはずだ。こうした洞察が得られ、それがあなたの取り組むべき事柄であるなら、それもマスター・タスクリストに加えればよい。

その週のもっとも重要な事柄が最終的に決まったら、その「大きな石」を週の予定表に組み込む作業に移る。実行する日時まで設定するのはとても有効だ。やるべき事柄を一日の漠然とした予定欄に書き込むだけだと単なる願望リストと化し、何日もたなざらしになることは目に見えている。ある事を行う具体的な時間や場所を予定に組むということはより高度な決意の表れであり、実行される可能性がグンと高まる。具体性が増すことで、時が来たら行動に移るように、という命令が脳に送られるからだ。また、集中力をそらすQ３の事柄が入らないようにするのに役立つ。カレンダーが空白のままだと、緊急だが重要ではない用事を頼みに誰かが突然やって来たりする恐れがある。

このように一週間の予定を組む際、一日の漠然とした予定欄に回すものもあるかもしれない。だが、こうした処置は、それをいつ行うのか、さらには、行うかどうかすらわからないなど、日時を具体的に決められないときの最後の手段とすべきだ。何かやりたいことを思い立ったとき、大概は具体的な時間まで決めてその日のうちに実行するのがよい。

注意点を最後にもう一つ。大きな石については、役割ごとにもっとも重要なものを一つか二つだけ選ぶようにしよう。あなたがこなせる量は限られているので、基準を厳しく設定して本当に意味のあるものだけに絞ることだ。そうすれば、忙しい一週間であっても、それが達成される可能性は高まるはずだ。

3. 残りすべてを整理する

大きな石がしっかり予定に組み込まれたら、そのほかの優先事項をカレンダーに書き込む。これには、洗濯など重要ではないがやらなければならない事柄、すなわち小さな石も含まれるだろう。

ウィークリーQ２プランニングの三つのステップを踏めば、あなたの一週間は非生産的なバケツではなく、生産的なバケツになるだろう。

小さな石だけがいっぱいに詰まった典型的な一週間を、キヴァの例で見てみよう（下図参照）。

キヴァがQ２プランニングを実践していたら、彼女の一週間は次のようになっただろう（次ページの下図参照）

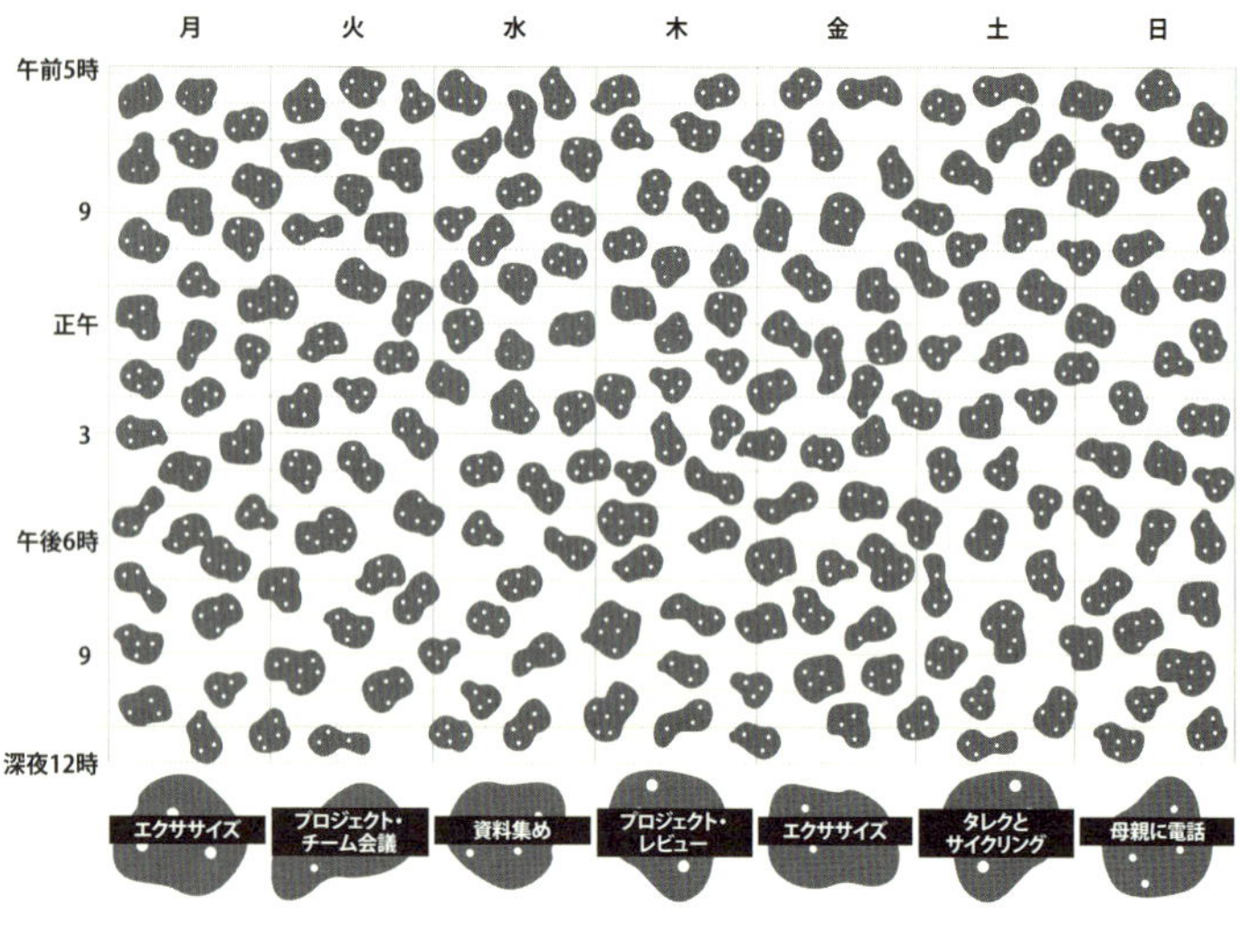

デイリーQ2プランニング

人生というのは計画どおりいくものではないことは、誰もが認めるところだ。週間計画を立てたとしても、一週間が進んでいくにつれて毎日のように調整の必要が生じるものだ。小さな石がどっと押し寄せて来たり、Q1に分類される危機的状況が発生したりすると、Q2の優先事項でさえ変更を余儀なくされる可能性がある。そこで、優先事項を何とか予定どおり達成されるように、日々意識的かつ意図的な調整を行うことが必要になる。翌日の予定を考えるときは、終わろうとしている今日一日を、静かな場所で少なくとも一〇分以上の時間をとって振り返ることから始めよう。

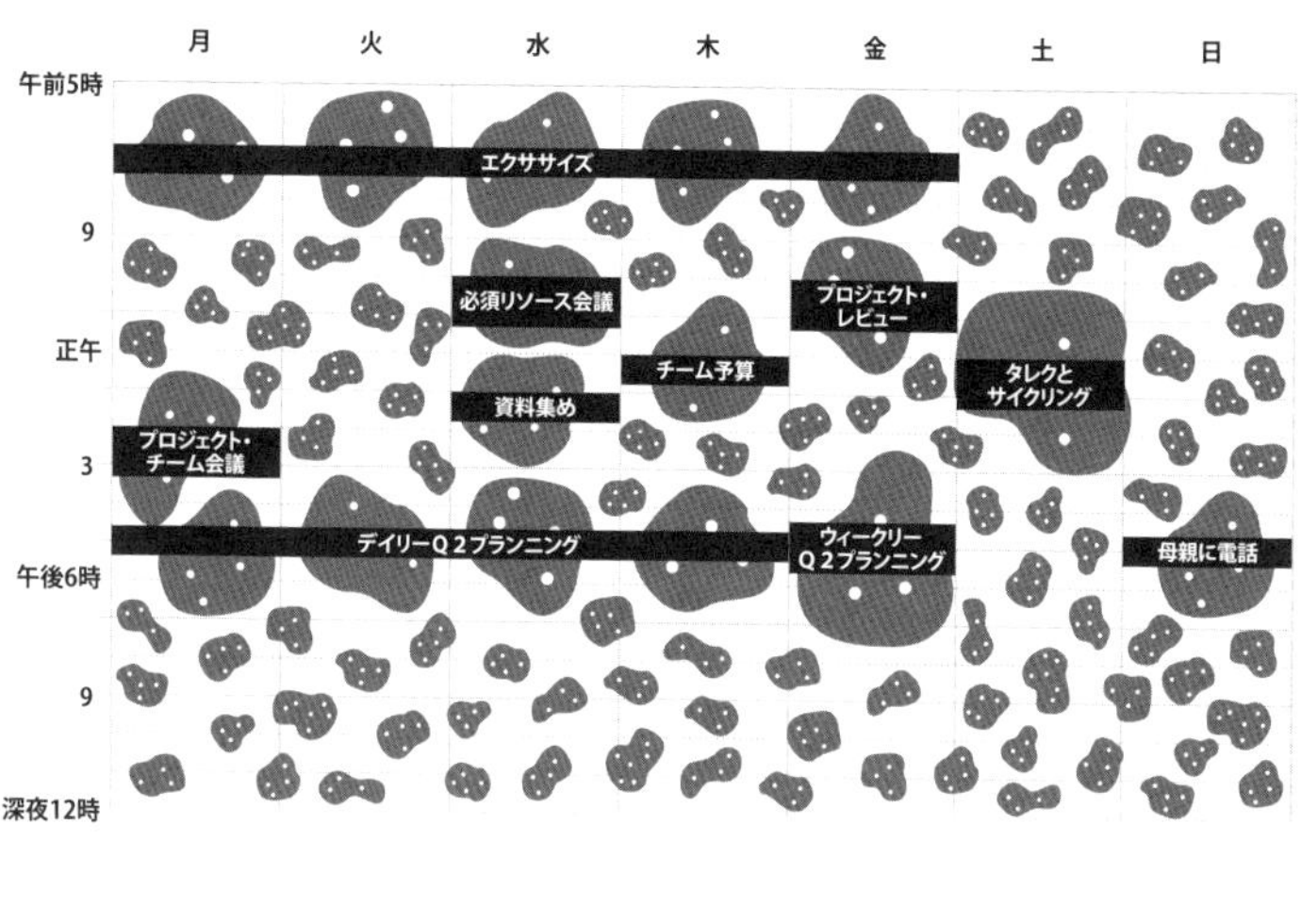

1. 今日一日を振り返る

今日に予定していたタスクや予定を思い起こしてみよう。すべて終えることができただろうか。もし完了していないものがあれば、やりかけのものを別の日に移したり、重要でなくなっていたら削除したり、期日などについて必要な調整を行ったりしたうえで、マスター・タスクリストに残すようにする。要するに、最優先事項に集中しつつも、途中で予定を変更した事柄にもしっかり対応し、その日その日の自分の行動に責任を持つということだ。

また、一日のあちこちで、ちょっとした重要情報、新たな任務、洞察、アイデアに出くわしたのではないだろうか。こうしたちょっとした情報を、後で使えるようにしっかり整理しておくとよい。我々はこれを「金メダルの獲得」と呼んでいる（次章「第4の選択」で詳しく述べる）。出くわしたときに処理してしまうのが理想だが、残っているものがあれば、ここで行うようにする。

2. 「やるべきこと」を特定する

「明日絶対に成し遂げたいと思うことは何か？」と自分に問いかけよう。「やるべきこと」とは、きわめて重要で、一日の中で完了しないわけにはいかない事柄を指す。普段は大きな石に繰り返し対応していけばよいが、Q1に分類される用件が発生すれば、これにも対処しなければならない。

3．残りすべてを整理する

「やるべきこと」の周囲に存在する、そのほかの事項を残らず整理する。

以上の三つのステップは、一日の最後か翌日の朝に行えばよい。一日の最後に行うという人は、これもやってしまえば明日の朝までのんびりした気分で過ごせると思うからだろう。もれなく対処し整理もきちんとできている、という安心感がそうさせるのだ。やり残したことがいつまでも気になって眠れない、ということはないだろう。それに対し、これらの作業を翌朝行う人は、寝る前よりもぐっすり寝て起きた朝のほうが脳の回転が速いと感じるのだろう。また、ステップ一（今日一日を振り返る）だけ夜やり、二と三は翌朝に回すという人もいる。何がもっとも重要か考えている最中に何かがひらめいたりしたとき、朝のほうが頭が冴《さ》えているので敏感に反応できるというわけだ。

どのやり方をするにせよ、大事なことは、新しい日の活動が始まる前の少しの間に、Q2の考え方を実践する時間帯をつくることだ。そうしないと、押し寄せてくる小さな石の波にのみ込まれ、ときどき空気を吸いに浮き上がって来ては重要な用件を少し片づける、といった状態に陥ることになる。生産性という点からして、これは上手なやり方ではない。

Q2プランニング：シャワーを浴びながら考える

あなたが創造的なアイデアを思いつくのは、一日の中でどのようなときだろうか。早朝か、ぐっすり寝て起きたときか、シャワーを浴びている最中か。あなたのこれまでの人生において、自分の目標や優先事項が実に明確に特定され、すべてがきちんと整理されていると感じた瞬間があっただろうか。何回かあったものの、日々の忙しさに紛れ、あっという間に消え去ったと思う人もいるだろう。

このような瞬間をもっと増やすにはどうしたらよいだろうか。Q2プランニングを定期的に行うと、先をはっきりと見通す瞬間を経験できるようになる。それと同時に、そうした瞬間が、あなたの日々の暮らし方を示す一つのバロメーターにもなるのだ。「第1の選択」の章ですでに述べたように、脳の働きはその人の使い方次第で変わるものだ。最優先事項を念頭に置き、それを軸に一日を組み立てる作業を毎日、毎週の習慣にすれば、Ｑ２の考え方が自然とできるようになる。Ｑ２の考え方を中心に据えた行動が一日中できるようになる。その結果として、予期せぬスケジュール変更にも迅速かつ冷静に対応する能力が身につくのだ。整理できているという安心感と、習得したＱ２の考え方があなたの大きな支えとなるため、そうした変化に直面しても、ストレスに打ちのめされたりせず、自信を持って訳なく対応できるのである。

どんなに大きなプレッシャーにさらされても動じず、平静でいられる禅僧に、「どうしたらあなたのように平静心を保てるのですか？」と誰かが尋ねた。禅僧は「私は座禅の場を離れない」と答えた。[5]

自分のより重要な優先事項を日々繰り返し意識するようにすると、物事を冷静に見る目を一日中維持できるようになる。嵐で小さな石が大量に押し寄せ、大きな石が埋もれてしまいそうになっても、平然としていられるのである。

楽な気持ちで始めよう

「小さな石に飛びつかず、大きな石をスケジュールする」という「第3の選択」の原則および手法を導入するための簡単な方法を紹介する。あなたにもっとも適したものを選んで実行してみてほしい。

- マスター・タスクリストを作成し、「ゴミ箱行き／リスト行き」の識別を今日三回練習する。どれかを見事ゴミ箱行きにすることができたら、心の中でハイタッチしよう。
- 過去数週間を頭の中で振り返り、Q2タイムゾーンに設定したほうが管理しやすいように思える反復行動を一つか二つ特定する。
- ウィークリー／デイリーQ2プランニングをいつ、どこで行うか決め、カレンダーに反復Q2タイムゾーンとして組み込む。

この章のまとめ

- 小さな石を素早くより分けるだけでは意味がない。何がもっとも重要かを見きわめ、一週間が始まる前にそうした大きな石をバケツに入れる必要がある。
- 処理すべきタスクが発生したら、ゴミ箱に捨てるかリストに加えるか判断し、いつまでも頭の中に残しておかない。
- Q2タイムゾーンとは、先を見通して確保した時間枠であり、繰り返し発生するQ2優先事項を確実に処理するのに有効である。
- ウィークリーQ2プランニングは、㈠自分の役割と目標を見直す、㈡大きな石をスケジュールする、㈢残りすべてを整理する、という三段階で進める。デイリーQ2プランニングは、㈠今日一日を振り返る、㈡「やるべきこと」を特定する、㈢残りすべてを整理する、という三段階を踏む。
- 三〇／一〇ルールは、あなたの日々の時間の使い方を向上させるため、達成感に包まれて一日を終える頻度が格段に増す。

第4の選択
テクノロジーに使われることなく、テクノロジーを支配する

混乱の中に勝機はある。

――孫子の兵法

未来学者ハーマン・カーンは一九六七年、一つの未来像を示した。生産性向上技術によって増加する余暇時間がいかなる変化を生じさせるか、それが二一世紀を迎えるまでの我々の文化的課題の一つになる、と。多くの人の労働時間は週三〇時間ほどに短縮され、三ヵ月間の長期休暇も夢ではないと彼は想像したのだった（残念ながら、この予想は外れた）。彼は次のように記している。[1]

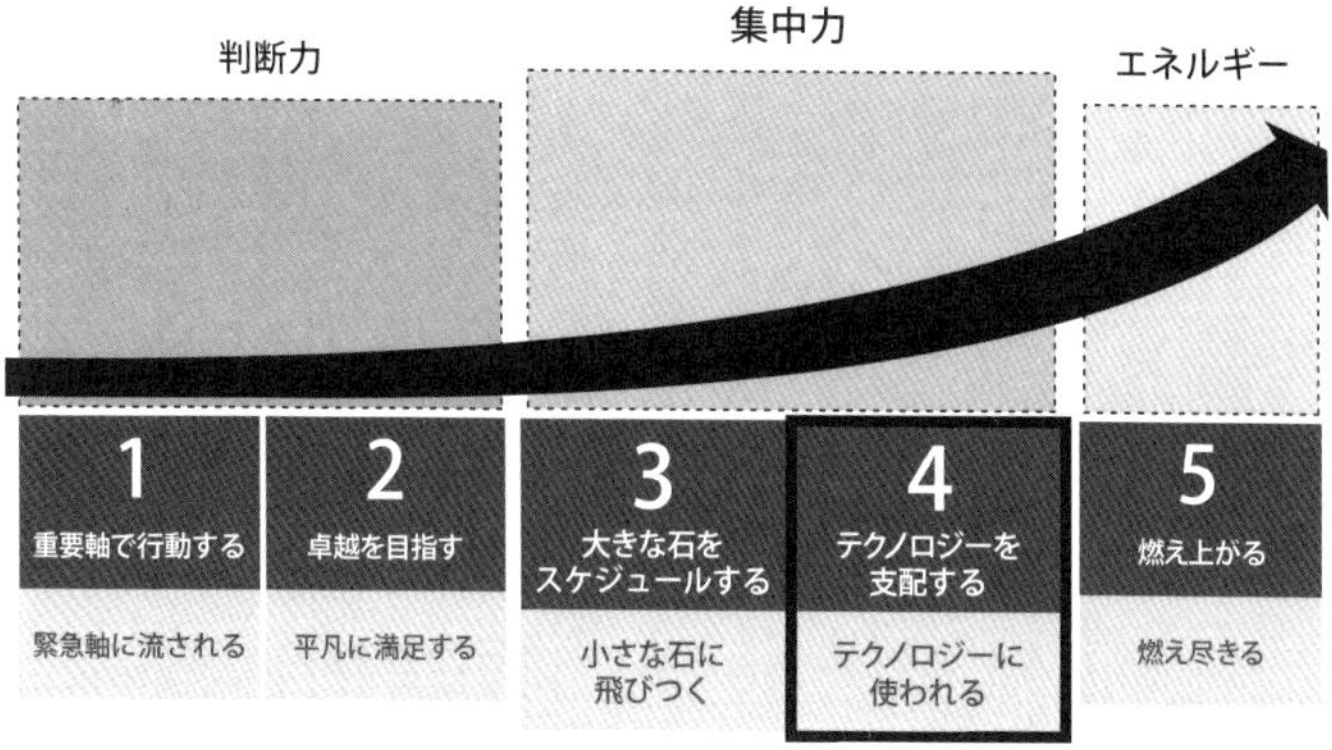

> ……「一般」の労働者は一日のうちで職業（キャリア）に充てられる時間は半分以下であろう……趣味などの活動にも半分以下であろう……それでも休息日を一日か二日とることができる。言い換えれば、職業に対するのと同等の熱意で趣味などを追求し、なおかつ（ほかの）目的に使える時間も相当残ることになる。[2]

カーンがこう記してから四〇年近くの期間の中で、付箋《ふせん》からパソコンまで、電子メールからビデオ会議、インターネット、携帯電話、ショートメッセージ、無線ネットワーク、自分の現在位置や目的地を教えてくれるウェアラブル機器、電子書籍、ハイビジョンテレビ、音楽関係のハイテク機器に至るまで、私たちは無数の生産性向上技術を発明してきた。[3] こうした革新的技術は枚挙にいとまがない。だが、これらのテクノロジーは私たちの生産性を高めただろうか。ハーマン・カーンが予言した類いの自由や柔軟性らしきものを何か感じるだろうか。それとも、スマートフォンやメール、タブレットなどの音に振り回されていると思うだろうか。

テクノロジー：薬と同様、副作用がある

「第1の選択：重要軸で行動し、緊急軸に流されない」で、緊急中毒に陥るプロセスを説明した。テクノロジーというのは実は、緊急中毒の威力を十倍強める恐れがある。危険性も相当高い。

近年の技術革新により、通信に要する時間が大幅に短縮された。返事が即座に返って来るようになったため、私たちはショートメッセージやツイートへの返信に日々追われている。だが、生産性向上というメリットの裏側で、注意散漫という弊害が拡大しつつある。緊密な人間関係を築き上げるとか、連携して重要な問題に挑むとか、思慮深さや集中力をもって仕事に励むといった本当に重要なものを私たちは失いつつあるような気がしてならない。こういうものはクリック操作で生まれるわけではなく、スマートフォンが発する音などに比べ、私たちの脳は刺激を受けなくなっている。だが本当は、これらのほうがはるかに重要なのだが。

我々は最近、あるバレエ公演の会場で一組の親子連れを見かけた。子どもの一人が出演している関係で、両親と兄弟二人で観に来ていたようだった。彼らは後ろのほうの同じ列に座っていたが、そのうちの三人はゲームに熱中していた。父親と二人の子どもだった。ステージを見上げていたのは母親だけだった。照明が落とされ演技が始まると、ゲームをしていた三人は同時に画面の明るさを落としたが、うつむいた姿勢のまま、興奮した表情でゲームを続けた。そのうちに、後ろの列の客から機器の電源を切るようにと注意されると、三人はきまり悪そうに視線を上げ、ようやく演技を見始めたのだった。

注意欠陥障害の専門家であるエドワード・M・ハロウェル博士は、我々に最近次のように語った。

今日、新たな依存症が生まれています。テクノ依存症です……それで、人々はまさに強迫観念にかられたかのように携帯に手を伸ばし、メールのやり取りをしています。まるでタバコの箱に手を伸ばすようにね。[4]

また、家庭生活におけるテクノロジーの影響を研究しているキャサリン・スタイナー‐アデア博士は著書の中で次のように述べている。

家族に関する一つの不変の真理に私はいつも心打たれる。それは、子どもにとって親の愛情・関心は不可欠なものであるということだ……ところが、この真理はいともたやすく破られてしまう。バーチャル世界の誘惑の手が忍び寄ってくるからだ。[5]

「若い人たちはハイテクに依存している」という声もときどき耳にする。確かに、彼らは小さいときからテクノロジーに取り囲まれた環境で育つ。だが、私たち大人が果たしている役割を見てみよう。調査結果によれば、親から十分な愛情を受けていない子どもは孤独感にさいなまれ、それをスマートフォンやタブレットで紛らわそうとするのだという。[6]

中間管理職のある女性から聞いた話だ。彼女と夫は四歳の娘の周囲でいろいろなハイテク機器を使用するが、これはやめなければ、と思ったという。仕事を終えて帰宅するとすぐにスマートフォンを取り出し、自分たちの世界に入り込んでいたのだ。こうした態度は四歳の娘の教育上決して良くないし、時間が経つのはあまりに速く、娘もいつまでも赤ん坊ではないと思い直したのだという。それで、中毒になる前に何とかしようと、夫婦はある方法を考えた。玄関先にカゴを置き、帰宅したらスマートフォンをそのカゴに入れることにした。そこに入っていなければ一目でわかるため、家の中での使用を防げると考えたのだ。これを始めて数日後、夫婦は朝、玄関でスマートフォンを取り出そうとした。すると驚くべきことが起きていた。二人のスマートフォンと一緒に、娘の小さなiPodも入っていたのだ。そうするようにと娘に言ったわけではなかった。そんな話すらしていなかった。なのに、両親の行動を見て、彼女の小さな心が自発的に反応したのだ。娘も、ハイテク機器より家族の一員であることのほうを大事にしたのだろう。

この話は、望ましい行動の手本を示す一つの例だが、その背後にはもっと深い問題が潜んでいた可能性もある。この子どもは、両親にもっとかまってほしかったのかもしれない。その子は、両親の愛情を賭けてスマートフォンと競争しているように感じていたのだろうか。彼女もｉＰｏｄをカゴに入れるようになったのも、そうすれば親の気持ちを引きつけられると思ったのかもしれない。実際のところはわからないが、ハイテク機器に対する考え方を変えることでこの家族の行動様式が根底から変化したのだ。そして、深いＱ２の集中力とエネルギーが、帰宅してから翌朝出勤するまでの短い時間に発揮されるようになったのである。

こうした質の高い意識を人間関係に集中することの重要性は、家庭や家族の場合だけではない。三〇代のある男性は、友人たちと一緒に食事に出かけたとき、それぞれの電話をカゴに入れ、食事中最初に取り出した人が全員の食事代を支払うことにしたという。こうすることで彼らは直接会話する機会が増え、友人としての絆を確認し合えたそうだ。

テクノロジーを使うか、テクノロジーに使われるか

テクノロジーに使われるのではなく、テクノロジーを使うための第一歩は、ハイテク機器に対する自分の接し方をしっかり見つめ直すことだ。これを「時間管理のマトリックス」の視点に立って見てみよう。あなたは職場でも家庭でも、Q３（緊急だが重要ではない）やQ４（緊急でも重要でもない）に分類される事柄にハイテク機器を使用していないだろうか。こうした機器が発する音を聞くと緊急だと思い込んでしまい、つまらない事柄に振り回されていないか。緊急でも重要でもないゲームなどにのめり込んではいないだろうか。その時間と集中力とエネルギーを何かほかのことに

向けたほうが有益なことは明らかなのに。

あなたとテクノロジーとの関係を見つめ直すことができたら、自分がＱ２に移るための強力なツールとしてテクノロジーを利用できるようになる。つまりは、テクノロジーそのものが問題なのではなく、どの程度意識し、意図的にテクノロジーを使っているかが問題なのだ。私たちの脳は新しい製品に目がないかもしれない。だが、私たちにとって真に重要なものは何であるかを明確に理解し、自らの意識的な判断力を発揮すれば、テクノロジーを賢く使うこと、つまり日々卓越した生産性を実現するという目的のために活用することは間違いなく可能なのである。

無刀と根本原理

私たちは、適合するソフトウェアや最新機器など、適切なツールさえ備えていれば問題はすべて解決できる、と考えてしまうことがある。だが、その考えは甘いと言わざるを得ない。ハイテク機器がもたらしてくれる時間節約というメリットは確かに大きい。だが、有意義かつ生産的な生き方をしたいと思うなら、自分のために賢い選択をする基本的な権利や能力を外部に頼るわけにはいかない。どんな機器も私たちの頭に取って代わることはできないのだ。

私たちをおのずと救ってくれるツールなどこの世に存在しない、という考え方を受け入れるということは、一六世紀の日本の剣豪、柳生宗矩《むねのり》の唱えた「根本原理」に従って行動するということだ。可能な限り自立し、いかなる状況にあっても平常心を失ってはならない、という教えである。[7] それはまた、「無刀」という概念を受け入れることでもある。無刀とは、あらゆる手段を思いのまま駆使して戦いに勝つという意味だ。[8] 特定の手段にこだわると執着心が芽生え、それが流動的な動きや発生するさまざまな状況への適切な対応の邪魔になるというのだ。この考え方は意義深い。なぜなら、手段やテクノロジーは絶えず変化するのに対して、意識的に選択を行うという根本原理は常に不変だからである。

ある武士の話を紹介しよう。彼は戦で疲れ果て、自分の剣を失ってしまう。戦場をふらふらと歩いているうちに、誰かの剣の柄《つか》が地面から突き出ているのを見つける。喜び勇んで引き抜くと、その剣は途中で折れ、半分の長さしかなかった。落胆した彼は、その折れた剣を地面に投げ捨て、独りつぶやく。「皇帝の光輝く金の剣と最高の刀さえあれば、戦に加わって勝利を収めることができるのに」と。武士は諦め、落胆した表情で去っていく。しばらくすると、別の武士が同じように疲れ切った顔でやって来て、その剣を拾い上げる。彼は折れた刃先を見るや、意気揚々とそれを天に突き上げた。そして、生気を取り戻すと雄たけびを発し、戦に舞い戻る。皇帝は折れた剣で自らの軍勢を率い、形勢を逆転させて勝利を手にする。

テクノロジーについて述べている途中で武術の話を紹介した理由がわかるだろうか。集中力の奪い合いは現実に存在し、それはまさに戦闘のような熾烈《しれつ》なものなのだ。私たちが利用しているテクノロジーの誘惑と闘いながら、膨大な数の緊急事項に対処するのは至難の業だ。自分にとってもっとも重要な優先事項に最高の集中力とエネルギーをそれに投入しようと思ったら、努力なしには不可能である。この章では、あなたが使っているテクノロジーが何であれ、Q2にとどまるのに役立つ実用的なスキルとプロセスを紹介するつもりだ。これらを実行するにはある程度の練習が必要だが、非常に強力であり、大きな効果が期待できる。その威力の秘密は、根底に横たわるQ2の考え方と意識的に選択を行うという根本原理にある。優れたテクノロジーも戦力になるが、勝利を引き寄せてくれるのはQ2の考え方である。

闘いに備える：必要な情報はどこに？

最初にすべきことは、情報すべてを整理することだ。あなたを取り巻く環境が一般的なものであれば、小さな石は一日中あらゆる方向から飛び込んでくる。各種メッセージやツイートがあなたのスマートフォンに送られてくる。メールアカウントの受信トレイにもどんどんメールが詰め込まれる。あなたは電話をとり、手元の紙にメッセージを書きとる。デスク周りには手紙や書類、付箋《ふせん》などが散乱している。あなたはスマートフォン、パソコン、ノート、便箋《びんせん》などにメモをとる。そのうちに全部整理しようと思っていても、一体どこから手をつけたらよいのかわからず、とんでもない大仕事になりそうだ。だが、何千通ものメールが受信トレイにたまっていようが、机の上に山と積まれていようが、実はそうした混乱の中にも一定の秩序が存在するのだ。あなたはそれを見抜く能力を養わなければならない。

4つのコア情報

基本的に、あなたが管理する必要のある情報は四種類に大別され、そのうちの二つは、それに対して行動するものであり、残り二つは将来参照するためにしまっておくものだ。

- **予定**：特定の日時に行わなければならない事柄
- **タスク**：予定はまだ組んでいないが、行う必要のある事柄
- **コンタクト先**：接触する相手についての情報
- **メモ／書類**：前の三つのカテゴリーには該当しないが、記録しておきたいそのほかの情報

これら四つのカテゴリーを、我々は「4つのコア情報」と呼んでいる。混乱の中に秩序を見いだすためにまず行うべきは、飛び込んでくる情報をこれらのカテゴリーから眺めるスキルを習得することだ。次のステップとして、重要情報を管理する方

式を構築する必要があり、これによって、いつ、どこにいても、情報にアクセスする場所や方法を正確に知ることが可能になる。そのやり方は使用する方式によって異なるが、我々は「一元化」を指針とするよう勧めている。

マスター・タスクリスト、カレンダー、コンタクトリスト、書類のいずれについても、管理の仕方を統一するのだ。「4つのコア情報」を管理するルールを守る限り、個人個人でカスタマイズするのはかまわない。すべて紙で管理するのもよし、デジタル方式で管理するのもよし、あるいはその併用も考えられる。いずれにせよ、自分に適した方式を考案すればよい。

紙での管理

多様な使いやすい電子機器が普及する以前、フランクリン・コヴィーの時間管理手法を学んだ人たちは、マスター・タスクリスト、カレンダー、ノートがすべてまとまった、システム手帳のフランクリン・プランナーを携帯していた。そして、今もこれを持ち歩いている人もいる。

この方式の利点は、すべての情報を一カ所にまとめられることだ。持ち運び可能であり、何でも書き留めたがる人にとっては魅力的で、情報はより実際的にアナログ表示される。充電の必要もない。反面、ほかとのリンクが皆無なため、情報収集や予定の受け入れがボタン一つでできない点は不便を感じさせる。また、バックアップが取れず、一度失ったら復旧は諦めるしかない。

今日では、情報やコミュニケーションの大部分が電話、ショートメッセージ、ツイート、メールといったデジタル形式で送り込まれてくるため、次々に着信があると、「４つのコア情報」を紙に移すだけで一苦労だろう。だが、決して不可能ではない。あなたが紙を好むなら、手近にある紙に手当たり次第書いたりせず、すべての個人的メモを一つのノートに記録することだ。そうすると、生産性が増し、頭が痛くなることも少ないだろう。「４つのコア情報」を整理する手段として紙方式を使うのであれば、「すべての情報を一ヵ所に」という鉄則を守ることだ。

デジタルでの管理

紙方式と対照的な方法として、重要情報すべてをデジタルで記録する方式がある。この方式での鉄則は、「すべての情報をすべての場所に（同期）」ということになる。あなたがどのような機器を使うにしろ、「4つのコア情報」の保存場所にいつでもどこからでもアクセスできるようにするということだ。そうすると、たとえば、ある友人のコンタクト情報を一度入力すれば、スマートフォン、タブレット、ノートパソコンなどからネット経由で即座にアクセスできるようになる。情報そのものはどこかのサーバ（クラウド）に保存され、インターネット環境さえあれば、アクセスする場所は選ばない。

この方式の利点は、どの機器を携帯していても重要情報にアクセスできることだ。デジタル情報はページではなくビットという単位で保存されるため、保存可能な量は基本的に無限であり、何年分もの歴史やデータをボタンにタッチするだけで目の前に呼び出すことができる。また、情報がデジタル形式で送られてくれば、それを整理して保存するのも訳ない。概して安全性も高く、バックアップも瞬時に取れるので、機器を紛失しても重要情報はすべて手元に残る。

さらに、他者と連絡をとる際も、情報を簡単に活用できる。逆に難点は、さして重要でない情報が一気に流れ込んでくると、小さな石の下に埋もれてしまう恐れがあることだ。あなたが意識して意図的な状態を維持しないと、情報の流れをさらに加速させ、生き埋めにされかねない。Q2にとどまりやすくなるどころか、情報がガラクタの山のように積み上がり、あなたは窒息する羽目になる。

卓越した生産性を実現しようと思えば、使用する機器と「４つのコア情報」について慎重に検討し、無駄を生むことのない洗練された方式を構築する必要がある。できれば、「４つのコア情報」のそれぞれをあなたの機器すべてと同期させる、一元的な方式にするのが望ましい。気に入ったハイテク製品を購入するのはよいが、慎重さが求められる。たとえば、マスター・タスクリストを普段パソコンで管理しているのに、スマートフォン内にもリストが入っているからといって、それにタスクを入力しないように気をつけなければならない。両方の機器の情報を同期させるソフトウェアを見つければ、片方に入力するだけで両方ともシームレスに表示させることができる。この種のソフトウェアは豊富に存在する。適したものを見つけ、タスクをすべてその方式に取り込むようにしよう。習慣化するのに時間はかからないはずだ。この原則は「４つのコア情報」のそれぞれに当てはまる。

セールスの仕事をしているマーチンは、スマートフォン、タブレット、ノートパソコンを持っている。クラウドベースのファイル共有サービスを契約しているため、自分の重要なメモや書類にどの機器からもアクセスできる。このサービスには、彼のすべての機器で使えるフル機能のソフトウェアが用意されており、彼がいずれかの機器で書類に変更を加えるとクラウド上で直ちに反映され、どの機器からも修正版を利用できる仕組みになっている。カレンダーやコンタクト情報も別のサービスによりクラウド上で保管されていて、どの機器からも閲覧や更新が可能である。

彼はさらにタスクリストサービスも利用しており、彼の機器すべてで動くソフトウェアがある。彼はここにマスター・タスクリストを保管している。それで、慎重に選んだこれら三つのソフトウェアサービスを駆使して、彼は自分の「4つのコア情報」について「すべての情報をすべての場所に」の原則を実践している。また、Q2に意識を集中できるようにと、予定、タスク、書類を自分の役割ごとに分類している。これによって彼は、自分の活動や書類を自分にとって重要な事柄と明確に関連づけることができる。さらに、セールスという職業柄、コンタクト情報が非常に重要なため、この情報を仕事用と個人用に分けて管理している。

マーチンの場合、サービスの選択に自由が利くようだが、誰もがそういうわけではないだろう。自分の方式を設計するときは、組織のITポリシーを把握する必要がある。組織によっては、Microsoft Exchange や Google など、プラットフォームを統一しているところもある。そういう場合、組織のITポリシーのおかげで、こうしたシステム内の情報を同期させるのが自分のすべての機器について容易になることもある。

そうかと思えば、ファイアウォールやセキュリティに関するポリシーがうんざりするほど多くて、システムを利用した同期の維持が思うようにできない場合もある。自分の業務用システムへのオフィス外からのアクセスを禁止しているところも多いようだ。また、「自分の個人的情報と仕事関連の情報は一緒にしたくない」という声もよく聞く。

あなたは現在どういう状況にあるだろうか。組織のシステムに一日二四時間アクセスできるが、仕事関連の情報と個人の情報が混ざることを心配する方のために、対策をいくつか紹介しよう。

- 個人的なデータ（用事や約束など）をプライベートに分類することで、共有カレンダー上で詳細を他人が見られないようにしているシステムもある。これだと、病院に行ったり家族との予定を組んだりすると、その時間帯は他者にはプライベートとして表示されることになる。
- その方法は採用しづらいという方は、「4つのコア情報」を個人用と仕事用に完全に分離すればよい。こうしても「一元化」の指針に従っていることに変わりはない。個人用と仕事用それぞれにおいて、「4つのコア情報」が単一の方式に収められるからだ。ただ、仕事と個人を分離する場合、自分が決めたルールを厳守し、二つの方式がごちゃ混ぜにならないようにしてほしい。そのうちに仕分けするのが面倒になり、仕事用のタスクリストに個人的な用事（チケット購入など）を入れたりすると忘れる原因になる。家で横になってくつろいでいるとき、チケットを買い忘れたことに気づいても後の祭りである。

●このように「4つのコア情報」を個人用と仕事用に二つに分けて管理すると、アクセスの問題も解消される。業務用システムでタブレットやスマートフォンにアクセスできないか、認証されないようになっていれば、個人用と仕事用が混ざることはなく、安心だろう。

「4つのコア情報」のそれぞれを個別に、またはいくつかまとめて管理してくれるクラウドベースのサービスがいろいろ提供されており、これらを活用して個人の方式を構築する方法もある。あるいはソフトウェアの販売店で、あなたが使用する機器に対応し、なおかつタスクやメモ管理機能を有するものを探すのもよいだろう。こうしたサービスの中には、最初からインストールされていて、ほかのデバイスと同期できるようになっているものもある。大事なことは、この種のサービスについて知識を深め、「すべての情報をすべての場所に」保存できる最適なものを慎重に見つけることだ。また、定評のあるメーカーの製品を選ぶというのも一つの手だ。自分の重要情報を管理するためのサービスが将来にわたって提供され続ける可能性が高いからである。

紙とデジタルを併用する

「４つのコア情報」を管理する方法として、四種類それぞれの方式を統一できればベストだ。といっても、四つすべてを単一の紙またはデジタル式のシステム手帳に入れる必要はない。それぞれの方式が統一される限り、併用してかまわない。機器間での同期が容易なデジタル式で予定を管理するのもよい。コンタクト情報についても同じだ。その一方で、タスクリストや大事なメモを紙のノートに記録したいという人もいるだろう。

あなたの要求を満たすものであり、整理のやり方を守る限り、どれを選んでもよい。大事なことは、Ｑ２への意識の集中を促進させるものかどうかである。

あなたの「４つのコア情報」を評価する

シェリーの例で見てみよう。彼女の「４つのコア情報」の保存場所は、次のようになっていた。

- **予定**

　プライベートの約束は小さな紙製のカレンダーに書いて財布に入れており、仕事上の予定はオフィスのパソコンに保存している。これは「一元化」に反しており、予定が重複する恐れがある。オフィスのパソコンには職場でしかアクセスしないため、次週に仕事関連の重要な予定があったとしても、ウィークリーQ2プランニングの際に入れ忘れるかもしれない。また、仕事関連の重要イベントを紙のカレンダーに書き留めることもある。だが、彼女は重複記入を嫌うため、これでは彼女のカレンダーは両方とも中途半端になってしまう。

- **タスク**

　彼女はタスクを紙製のシステム手帳内のタスクリストに記録している。「一元化」は忠実に実践されているものの、デジタル方式のタスク管理が持つメリットを活用できていないと感じている。

- **コンタクト先**

　コンタクト情報は、彼女のスマートフォンに登録されているものもあれば、彼女のパソコン内の社用コンタクトリストに入っているものもある。だが、これだと同期が取れないため、スマートフォンに登録された社内の人間の番号が重複していたり、古いものだったりすることがよくある。

・**メモ／書類**

紙のメモ帳を使用しており、そのほかの書類はパソコンに保存してある。彼女はこの方式に満足している。

シェリーはしばらく考えた後、「４つのコア情報」をより効率的に管理できる統合的な方式を工夫した。彼女が思いついた方法は次のようなものである。

・**予定**

ＩＴ部門に相談したところ、簡単な設定で自分のスマートフォンから会社の情報と自分個人の情報の両方を閲覧できることがわかった。それなら自分のカレンダーを全部どこからもチェックでき、予定の重複を避けられそうだった。個人用のカレンダーをオンラインサービスに移した結果、今では自分のスケジュールを総合的に管理できるようになった。

・**タスク**

簡単なソフトウェアを用いるオンライン・タスクサービスを見つけた。タスクすべてをデジタルで保存し、総合的に閲覧できるものだった。彼女は今も仕事とプライベートの用事を別に管理しているが、同じプログラムで呼び出せるため、「一元化」もしっかり守られているといえる。

・**コンタクト先**

彼女がカレンダーを統合するのに用いた方法が、コンタクト情報の統合にも役立った。個人用のコンタクト情報はすでにスマートフォンに登録されていたので、重複しているものをいくつか削除するだけでよかった。

・**メモ／書類**

彼女はメモを紙に書き留めるのが好きであり、気に入った電子的ソリューションも見つからなかったため、メモの方式は基本的に変更しなかった。個人的な事柄はメモ帳に、より大きな文書はパソコンに、というやり方を継続することにした。

彼女の現在の方式を整理したのが下の表である。

シェリーはわずか数ヵ所の変更だけで、自分の「4つのコア情報」をはるかに統合的に管理できるようになった。「一元化」のルールのもと、彼女の予定とタスクは今や、スマートフォンとノートパソコンの間で同期されている。彼女のすべての役割における重要事項に、常にアクセスできる状態にある。彼女はタブレットを持っていないが、次の誕生日に買おうと思っている。購入すれば、ごく簡単な設定ですべての情報をその中に瞬時に移せることもわかっている。大事なことは、整理術の専門家であるジュリー・モーゲンスターンによれば、「自分が所有しているものを見つめ直し、そのそれぞれに単一かつ永続的な保管場所を決める」ことだという。[9]

	紙	デジタル		
		携帯電話	タブレット	PC
予定		✓		✓
タスク		✓		✓
コンタクト先		✓		✓
メモ／書類	個人的なメモ			大量の文書

戦略を練る：Q2プロセス™マップ

「4つのコア情報」を体系的に維持する確実な方式ができ上がったら、Q2プロセスマップを活用する段階へと進むことになる。このマップは、ここまでにあなたが学んだことすべてを組み合わせて、日々の情報の流れに振り回されないように、集中力とエネルギーをQ2の重要な活動に注ぎ込むためのものだ。Q2プロセスマップの概略は下図のようになる。

中央の縦列は、あなたの「Q2の役割と目標」が「ウィークリーQ2プランニング」および「デイリーQ2プランニング」に影響し、「選択の瞬間」においてあなたをサポートすることを示している。もし関連するものがこれだけであり、なおかつ、あなたの

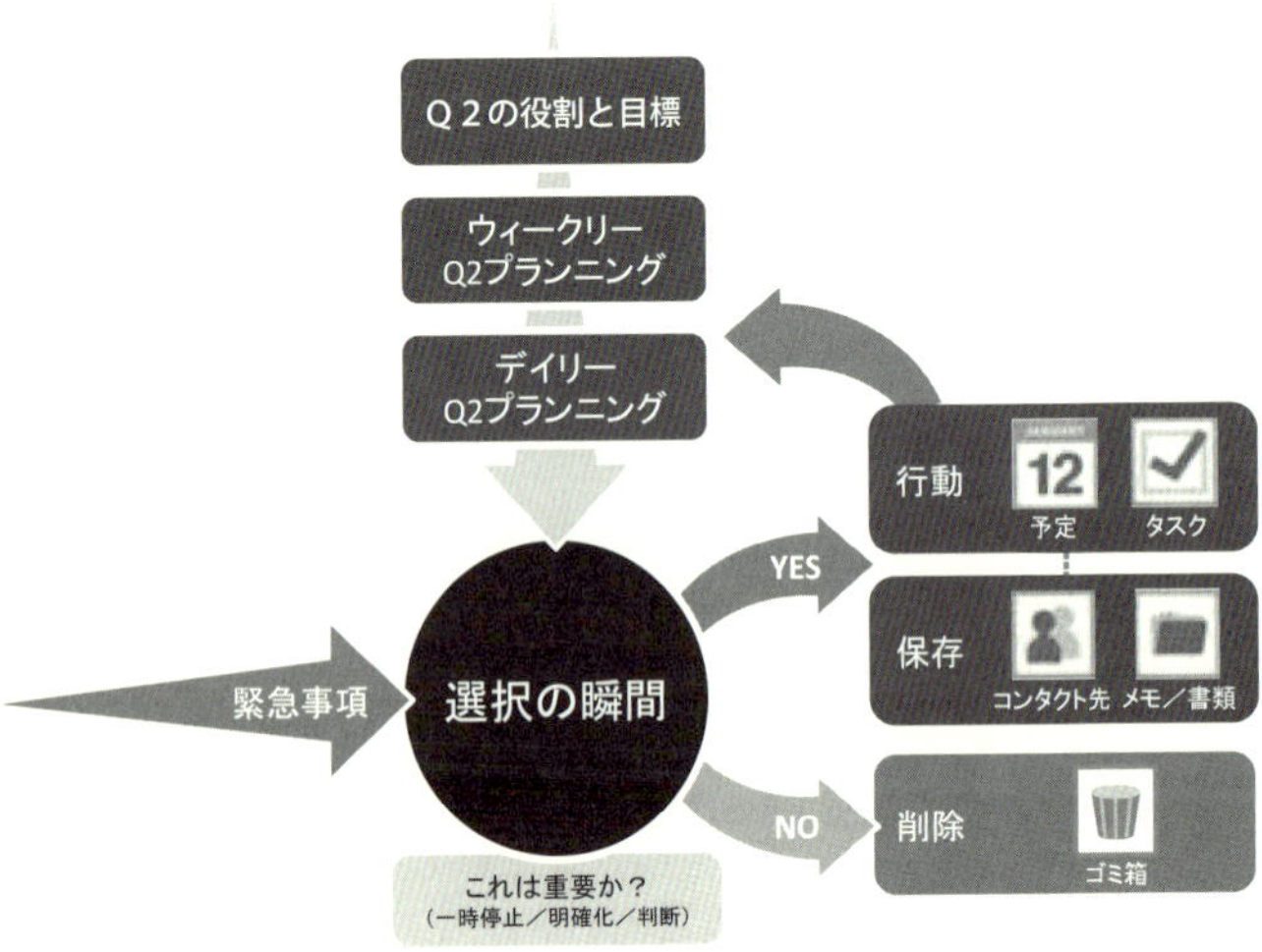

毎日が計画どおりに進むのであれば、これで事は足りるだろう。

だが、左側に矢印がある。これは次々と流れ込む情報、タスク、予定、要請などを表しており、これがあなたの時間と集中力とエネルギーを奪うことになる。ただし、それらの中には、素晴らしいチャンスや、大きなリターンが期待される意思決定機会も混じっている。

縦の流れと左側からの流れが「選択の瞬間」で合流し、私たちの最高の集中力とエネルギーを奪い合う闘いがそこで起きる。あなたは「一時停止」して「明確化」し、（飛び込んでくるメール、ショートメッセージ、電話、部下、課題の中から）何が本当に重要かを「判断」する。さほど重要でない事柄によってＱ２の優先事項が犠牲になるのを防ぐためだ。

飛び込んでくるものが重要でなければ、Ｑ３かＱ４に分類される事柄であるため、下向きの矢印に沿ってゴミ箱行きにする。貴重な時間や集中力やエネルギーをこの種の事柄に浪費したくはないはずだ。飛び込んでくるものがもし重要な事柄であれば、Ｑ１かＱ２に分類されるべきものであり、「４つのコア情報」の管理方式で処理することになる。

- それが予定またはタスクなら対応する必要があり、それぞれカレンダーかマスター・タスクリストのどちらかに送る。

- 即座に対応することはできないが、後で参照する必要のある情報（コンタクトや書類）は、デジタルであれ紙であれ、適切な場所に保管する。

「4つのコア情報」の管理方式が整い、自分の求める情報がどこにあるかも明確にわかるようになれば、必要に応じて常にアクセスが可能になり、それがデイリー／ウィークリーQ2プランニングに自動的に提供されることになる。これにより、Q2プランニングで検討する段階に入ったときには、最重要情報が整理されていて、大きな石をスケジュールに組み込みやすくなっているはずだ。こうした自己補強的な計画および整理方式は、個々の選択の瞬間においてあなたの識別能力を高める効果がある。その結果として、時間と集中力とエネルギーを日々奪い合う闘いの中で、重要事項が犠牲にならずに済むのである。

三つの基本動作

ここまでで、基本的なQ2プロセスマップにおける中心的な流れを理解していただけたと思う。

ここからは、最下段に追加する三つの要素について説明していく。この三つが加わってQ２プロセスマップの全体像が完成することになる。それは、我々が「三つの基本動作」と呼んでいるものだ。これらはあなたのハイテク機器の機能をフル活用するのに有効であり、次々と押し寄せる情報を「４つのコア情報」に整理する際、その威力を飛躍的に高めてくれるはずだ。

「基本動作」という言葉は武道、特にアメリカン拳法に由来する。[10]基本的な動きや概念を意味し、これを身につければ、ちょっとした修正を加えるだけでいろいろな状況に応用できるというものだ。一つの概念を習得すれば千もの戦術に通じる、とは武術の教えである。日本の剣豪、宮本武

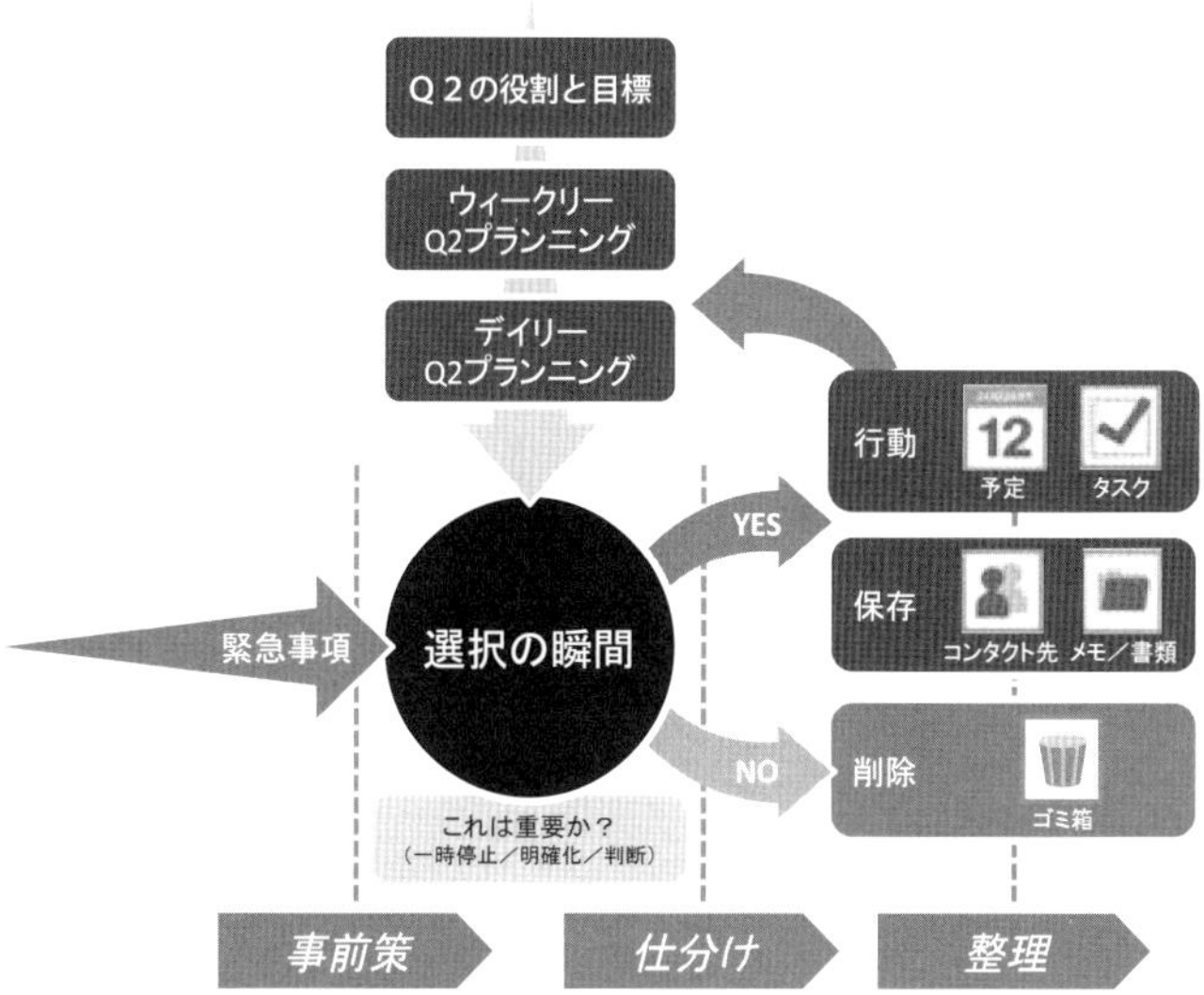

蔵は「一を以て万を知れ」という言葉を残している。つまりは「八〇対二〇の法則」であり、数少ないアイデアがとても大きな結果を生み出すということだ。Q2プロセスマップに追加した「三つの基本動作」に精通し、うまく応用すれば、あなたが成功する確率は大幅に高まるであろう。

この基本動作についてこれから説明するが、今日ビジネスでもっとも人々の頭を悩ませている情報源の一つ、電子メールの受信トレイに絞って話を進めていく。だが、基本動作の根底にある考え方を習得すれば、ショートメッセージ、ソーシャルメディア、メッセージ用ソフト、さらには生身の人間も含め、多くの通信手段にいろいろなかたちで応用できることは指摘したとおりである。

基本動作1：事前策

この基本動作はQ2プロセスマップ上、容赦なく押し寄せる「緊急事項」と「選択の瞬間」の間に位置する。

今日やり取りされているメールの数は、一日あたり一九六〇億通を超える。個人で見れば、一般的な勤務日で平均一二一通のメールを送受信し、この数は今後増加の一途をたどると見られている。[11] 受信トレイへの対応が毎日の重労働であってはならない。生産性向上のためのきわめて有益な原動力へと変えるため、適切な対策を講じる必要がある。これこそ、メールに関する大きなパラダイムシフトである。メールは単なるメッセージの山ではない。むしろ、一つの意思決定機会ととらえるべきだ。第一章で述べたが、知識労働者にとって二一世紀のもっとも広く蔓延《まんえん》している問題の一つは、一日の中で処理しなければならない意思決定事項の多さである。メールを削除や移動、あるいは返信したり、つい読みふけったりして、私たちは多くのエネルギーを割いている。ほかのことに振り向けたら、もっと効果的になるはずだ。

「事前策」にはオート機能を利用することだ。そのねらいは、こうしたできる限り多くの意思決定をかなりの正確さで自動化することにある。くだらない作業や無駄なことに脳がエネルギーを消費しなくてもよいようにするためだ。受信メールを自動的に処理するには、メールソフトのルールまたはフィルタ機能を使いこなすのがきわめて有効である。受信したメールが受信トレイに送り込まれる前の段階で、このルールやフィルタが、あなたが分類したい場所にメールの多くを自動的に振り分けてくれるのだ。たとえば、次の処理を自動的に行うルールを設定できる。

- スパムフィルタをすり抜けたジャンクメールを削除する。

- 自分に関係ないメールを削除する。
- CCリストおよび「全員に返信」に優先順位をつける。
- 上司、配偶者、主要なチームメンバーなど、重要な人からのメールをハイライト表示する。
- 後でチェックしたい重要な参考文書、業界誌などを一時保存フォルダに移動する。
- 特定グループのユーザ（知らない人など）からの緊急機密メールを、後で閲覧するためにカスタムフォルダに移す。
- 報告書など、特定のメールを他者に転送する。
- 特定の送信者からのメールに対して、不在や返信予定日時を知らせる自動返信メールを送る。
- 特定のメールを別の場所にコピーする。

ただし、組織によってはメールの処理や削除に関する指針を定めているところもあり、それは知っておく必要がある。だが、Q2に費やす時間の一部をこうしたルールの設定に振り向ければ、結局は何千時間も節約になる。あなたは一日あたり一〇〇通の新着メールを受け取るとしよう。そのうちの何通が重要だろうか。たとえば、次のように仮定しよう。

- 三〇通（三割）は重要で、至急対応する必要がある。
- 四〇通（四割）は重要だが、即座の対応は必要ない（報告書、ＣＣ、プロジェクト進捗《しんちょく》状況など）。
- 残り三〇通（三割）はまったく不要である（スパムなど）。

また、メール一通をどう処理するか決めるのに平均一五秒かかるとする。とすれば、メールを分類するだけで一日あたり二五分間かかることになる。メールに実際に対応するのではなく、ただ仕分けるのに一週間（五日間）に二時間以上も費やす計算だ。

よく考えてほしい。あなたはメールを読んでいる最中に実際何をしているかといえば、いろいろな種類の問いかけを脳に送り込み、読み、さらに読み返し、ときに返信するという作業をしているのだ。今見ているメールへの対応を後回しにして、次のメールに移ることも珍しくないだろう。そうこうしているうちに受信トレイは、処理段階がさまざま異なる何百通ものメールでいっぱいになる。そうすると、これが精神的ストレスとなって一日中苦しむのだ。

それに対して、まったく必要ない三割を確実に削除し、重要だが緊急ではない四割の相当部分を自動的に処理し、残った重要な三割が強調表示されるようにルールをいくつか設定すれば、あなたのメール環境は一変するだろう。第一に、自動的な削除や保存により、かなりの数のメールを見なくて済むようになる。そうすれば、仕分けに費やしていた時間の多くを節約できる。さらに、重要である可能性が高いメールがルールに基づいて瞬時に拾い出されるため、そうしたメールだけに集中できるはずだ。

我々のクライアントの一人から聞いた話だ。彼は自分の受信トレイに対して「事前策」を取り入れ、その後の数日間休暇で留守にしていた間はメールをチェックしなかったそうだ。休暇から戻った彼は、デスクに座って深呼吸をし、メールソフトを立ち上げ、恐る恐る「送受信」ボタンをクリックした。すると、そこに開いた画面は彼にとってまさに驚きだったという。三〇〇通ほどのメールが流れ込んだと思ったら、そのうちの八〇通ほどが瞬く間に消え失せたというのだ。設定したルールのおかげだった。不要なメール（約八〇通）の処理にかなりの時間とエネルギーを奪われるだろう、と覚悟していた彼にとって、それは目から鱗《うろこ》の体験だった。以前はそうした判断をすべて自ら行っていたわけだが、もはや自分の頭脳をそれに使う必要はなかった。本当に重要で、対応が必要なものがどれかわかったとき、ほんの少し休暇が伸びて得をしたような気分になったそうだ。

メールを管理する一つの素晴らしい方法は、一日に何度かメールをチェックするための時間、つまりはＱ２タイムゾーンを確保することだ。こうすれば、数分おきにチェックしていたものが二、三時間おきでよくなる。仕事の中断を繰り返すに従って、意識の集中を取り戻すのに要する時間がどんどん長くなることは調査結果から明らかだ。この方法を採用すれば、自分の仕事に集中しやすくなる。仕事がちょうど一段落したときを見計らって重要なメールが届いていないか見ればよく、仕事中に送られてくる不要なメールで気が散ることはなくなるはずだ。

メール処理のためのタイムゾーンを確保しておくのは難しいケースもあるかもしれない。「上司から呼ばれれば、何をおいても行くしかない」という人もいるだろう。メールソフトの多くは、対応を要する重要な人だけ強調表示する機能を備えている。さらに、上司、配偶者、パートナーなど、グループ別に色やサウンド、ラベルを設定できるものもある。大切な人からのメールに気づかなかったらどうしよう、などと絶えず心配しているよりも、こうした機能を活用して手元の仕事に集中するほうがよい。

優先的に対応する相手を何人程度にするかは、慎重な判断が求められる。本当に即座の対応が必要な人を二、三人選び、それ以外は気にしないことだ。そうしないと着信音が始終鳴り響き、仕事が先に進まなくなるだろう。作業を度々中断させられ、集中どころの話ではなくなってしまうのだ。

あなたはメールのルール設定機能を、「事前策」としてどの程度活用しているか考えてみてほしい。あなたの場合、次のどのケースに該当するだろうか。

- ルールは一つも設定しておらず、そういう方法があること自体知らなかった。
- ルールを二つ三つ設定しているが、更新はしていない。
- ルールを二つ三つ設定しており、自動処理機能をもっと幅広く活用できることに気づいている。
- ルールを数多く設定しており、常に更新しているため、時間と集中力とエネルギーが大いに節約できている。受信トレイに忍者を忍び込ませてあるかのような感覚だ。

この機能に難しい設定は必要ない。Q2用の時間のうちのほんの三〇分もかければ一連のルールを設定でき、一日二日のうちに時間の節約ができたことを実感するだろう。この時間と集中力とエネルギーの節約効果は、その後ずっと続くのである。

ルールやフィルタリング機能を設定したら、必要に応じて更新することも忘れてはならない。「時間管理のマトリックス」の視点に立って、新たなメッセージも対象に含めていく必要がある。

自動化できるパターンや優先順位をつけるタイミングを探そう。それらのメッセージにもルールを設定すれば、あなたに代わってソフトが処理してくれるようになる。

あなたの受信トレイに今、数百通（ひょっとしたら一〇〇〇通）ものメールがたまっていて、どこから手をつけるべきかわからなかったら、この章の最後のほうで紹介する「受信トレイのデトックス――深刻な生き埋め状態を解消する」（二二四ページ）を参考にしてほしい。

基本動作を応用する

すでに述べたように、ここでは電子メールの受信トレイに焦点を当てている。組織に属している人なら誰もが直面する共通の問題だからである。だが、「事前策」という基本動作は、いろいろなテクノロジーや状況への応用が可能だ。

- 電話の着信音の振り分け機能を使うと、重要な関係の人などに異なる着信音を設定できる。ショートメッセージや電話を受けたとき、特定の音で知らせてくれ、それに応じた対応が可能になる。また、相手の番号によって、着信音をまったく鳴らさず、いきなり留守番電話に録音することもできる。このように、作業を中断させる元となる電話などへの対応の仕方を、相手別に設定することによって、意識と脳細胞を手元の重要な仕事に集中させ続けることができるのだ。

● あなたの仕事を誰かにエンパワーメントできれば、それも一種の自動化とみなせる。些細《ささい》なことまで含め、あなたは意思決定を一手に担っていないだろうか。チーム内の適任者に任せれば、あなたはもっと重要な用件に専念できるのだ。仕事を任せられる人材を時間をかけて育て、そうした仕事に関連するメールをその人に自動転送するようにすればよい。あなたの受信トレイにたまるメールが少なくなるばかりか、その人にとっても成長するチャンスになるだろう。

● あなたにアシスタントがいれば、やはりこの考え方を活用できる。そのアシスタントが有能で、信頼もできる人物であればあるほど、あなたが自ら目を配ることは減り、少なくとも大まかな見方で足りるようになるだろう。さもなければあなたの心の受信トレイに次々と流れ込んでくる事柄が、こうしたエンパワーメントを進めることで自動的に処理されるのである。

剣豪の賢明な対応

この章の最後に、日本の有名な寓話を紹介しよう。

一人の年若き侍がある日、渡し船に乗っていた。すると、その船に、日本全国にその名を轟《とどろ》かせる剣豪が乗り合わせていた。自分の剣の腕前を試したいと思った若き侍は、その剣豪に手合わせを申し出た。「お主が死ぬか、拙者《せっしゃ》が死ぬか。いざ、勝負！」そう叫びながら、侍は自信満々に挑んでいった。だが、剣豪はこれに応じなかった。これまで何度となく果たし合いを挑まれてきた剣豪は、無益な戦いにうんざりしていたのだ。剣豪のこうした態度に怒った侍は、さらに大声で怒鳴った。「さあ、拙者に向かって来んか。どっちが首をとられるか、果たし合いだ！」執拗《しつよう》な挑戦に剣豪はようやく重い腰を上げ、こう言った。「よし、お主の申し出を受けよう。だが、ほかの客人たちに怪我があってはならん。あそこに見える島でやるとしよう。思う存分できるぞ」侍はこれに同意し、島へと向かって進む船の中、大胆にも舵《かじ》の柄の上に立った。船が島に着くと、剣豪は侍に先を譲って船から降ろさせた。その直後、船を素早く反転させ、島から遠ざけさせた。

赤っ恥をかいた若き侍を一人置き去りにして。

Q2から引きずり出されまいと、私たちは日々誘惑との闘いを繰り返しているが、その中にはまったく不要なものが数多くある。あなたもこの剣豪のように賢明であろうと思うなら、「事前策」を実行することにより、不要なものを島に置き去りにし、もっと重要な事柄に意識を向けることができる。どれが不要であるか見きわめがつけば、そうした意識をそらす原因を自動的に排除し、より大きな目的の実現に専念することができる。それが基本動作1の神髄である。

軍事戦略家として名をはせた孫武の言葉を借りれば、「戦わずして人の兵を屈するのは、善の善なる者なり[12]」

基本動作2：仕分け

押し寄せてくる緊急事項の一部を自動処理で排除し終われば、二つ目の基本動作「仕分け」に進むことになる。この動作はQ2プロセスマップ上、「選択の瞬間」の後に行われる。この基本動作のねらいは、ルールやフィルタで処理されずにまだ受信トレイに残っているＱ３またはＱ４の事柄を排除するとともに、Ｑ１およびＱ２の事柄を効果的に管理することにある。

この段階では、まだ圧倒的な数のメールが作業の対象になる場合が多い。この状況を解決することは、単に仕事の生産性のみならず、健康の面からも重要である。最近の研究により、メールが血圧や心拍数を増加させたり、ストレスホルモンであるコルチゾールのレベルを変化させたりと、ストレスの肉体的要素を増加させるリスクが指摘されている。この研究では、次の興味深い事実も判明した。

> 無関係でありながら仕事を中断させるメールや、即時の対応を求めるメールが脳に大きな負担を強いるのに対し、仕事の完了に基づいて送られてくるものは鎮静効果が存在することが認められた。メールをフォルダに保存すると支配感が得られるため、ストレスレベルが低下し、幸福感が増進した。[13]

あなたは現在、受信トレイをどのように管理しているか、思い出してみてほしい。次に列挙した行動の中に、思い当たるものがあるだろうか。

- 開いたメールを「後で処理しよう」と思うが、それっきりになってしまう。
- 開いたメールを後で忘れずに処理するため、「未読」のマークをつけておく。
- 受信トレイはいつも空にしておきたいので、着信メールはサブフォルダに移すようにしているが、特に上司からのメールなどは自分の操作にミスがなかったか心配になる。
- 重要な用件が記されたメールは印刷し、後で目を通すためデスク上に山積みにしてある。
- 受信トレイを保存フォルダとして使用し、メールはすべてここで保管し、以前のメールを見たいときは検索機能を用いる。こうした作業の過程で、重要なメールをうっかり削除してしまったりしていないことを願う。
- 上司に呼ばれ、「君、私のメールを読んだかい?」などと言われると慌ててしまう。小さな石の山の中からそのメールを見つけるべく、必死の形相で画面をスクロールする。
- 受信トレイがあふれんばかりで、不安な気持ちになる。
- 受信トレイが生活のすべてのように感じられる。

結局、あなたの受信トレイには、既読・未読含め何通ほどのメールが入っているだろうか。数百という単位か、それとも数千単位だろうか。企業の中には、社員のメールがサーバのスペースをかなりとっているため、一ヵ月か二ヵ月に一度自動的に全社員の受信トレイ内のメールをすべて削除することにしたところもある。思い切ったことをするとお思いかもしれないが、社員たちは社内一斉の削除が行われる前に、重要なメールを保存して受信トレイを空にせざるを得なくなった。保存自体は悪いことではないが、その数が数百、数千に上るとなると、やはり膨大な作業量であり、本来の目的に即しているとは言い難い。

基本動作2を理解するには、メールに含まれる情報は「4つのコア情報」――予定、タスク、コンタクト、書類――のどれかであるということをしっかり認識する必要がある。この新たな視点でそれぞれのメールを眺めると、メール内の情報の行き先は、「4つのコア情報」の管理方式によって用意されていることに気づくだろう。たとえば、典型的なメールは上のような形態だろう。

宛先：ジェイム
CC：トマソ
差出人：キヨミ
件名：来週の会議の件
ジェイム
初めまして。来週お会いして、状況説明をすることを楽しみにしています。添付書類をチームの方々と検討され、ブラジルとアルゼンチンの実績に間違いがないか、確認願います。
来週末までにご返信ください。
よろしくお願いします。
キヨミ
<<添付>>

多くの人々はこうしたメールを受け取ると、ざっと目

を通し、ほかのメールと一緒に受信トレイにそのまま残しておく。後で読めるように、ということだろう。このメールをジェイムに代わって「4つのコア情報」に分類してみよう。このメールに含まれる情報はどのカテゴリーに属するだろうか。

- 予定：ジェイムはチームのミーティングを開き、ブラジルとアルゼンチンの実績をチェックする必要がある。
- タスク：ジェイムはチームの面々と会う前に、データをチェックする必要がある。
- コンタクト先：キヨミは新規の連絡先であり、ジェイムはコンタクト情報を保存する必要がある。
- メモ／書類：ジェイムは後で目を通すために添付文書を保存しておく必要がある。

「4つのコア情報」がそれぞれ特定されたら、直ちに「仕分け」を行って受信トレイからほかの場所に送り出す。ここで大事なのは、まずは試してみようという気持ちだ。その方法を紹介しよう。

まず「予定」をカレンダーに追加する。あなたがOutlook、Google、IBM Notesといったソフトをお使いなら、これを簡単に処理できる素晴らしい機能がある。大概はボタンをワンクリックするだけでミーティングの予定がカレンダーに入力され、しかもほかの人たちのカレンダーにも表示させることができる。さらに、会話スレッドに加え、添付物までもが一緒に予定に組み込まれる。これだと、受信トレイからの情報の移動がいっそう楽になる。

次は「タスク」だ。ジェイムはチームの面々と会う前に数字をチェックする必要がある。これは一つのタスクであり、ドラッグ&ドロップするか、あなたのパソコン内のメニュー項目をクリックすれば、そのメールをタスクに変換し、マスター・タスクリストに表示させることができる。大概の場合、タスクの開始日か期限、またはその両方、さらに優先度を設定できるようになっている。タスクを作成する際は、動詞を含むタスク名にすることをお勧めする。タスクリストには数多くのタスクが名を連ね、単に「ブラジルのデータ」というだけでは、実際に作業に着手するまでに、その数値をどうしたかったのか忘れてしまう恐れがある。「ブラジル／アルゼンチンのデータをレビュー」などと、動作動詞を含めるとわかりやすい。

次は「コンタクト」だが、ジェイムはキヨミのコンタクト情報をまだ保存していない。新しいコンタクト情報を記録するのに、元の情報をコピーしては貼りつけている人をよく見かける。だが、簡単な操作で送信者をアドレス帳に登録し、さらにそのほかの情報を複数のフィールドに自動入力してくれる機能を備えたシステムもある。方法はともかく、コンタクト情報をアドレス帳に登録する必要がある。

最後に、必要なときのために添付文書をパソコン内に保存する（そのためのさらに強力な方法を「基本動作3：整理」で紹介する）。

これで「4つのコア情報」への「仕分け」は終わったので、このメールは安心して削除できる。しかも、あなたはこの「仕分け」を意図的に行っているため、重要なメールを削除してしまったのでは、と心配する必要はない。すべてがしかるべき場所に収まり、必要なときが来たら容易にアクセスできるようになったのだ。受信トレイからがらくたの山が取り除かれ、あなたの気持ちもずっと軽くなっただろう。これで、あなたはQ2において、重要だが緊急ではない仕事を続けられるはずだ。また、何もかも整理ができているため、Q1に分類されるような危機が発生しても不意打ちを食らうこともなく、落ち着いて対処できるだろう。受信トレイが整然としていると、あなたの頭の中も整理されるはずだ。メールがわずか数通になり、すべての情報があるべき場所に振り分けられた姿を見れば、頭の中のモヤモヤもすっきりすることだろう。

そうかといって、逆方向に流れるのはよくない。すべて「4つのコア情報」に仕分けされているからといって、Q3やQ4に迷い込むことのないように注意しよう。削除してしまって問題ないメールを、理由もなく何かに移す必要はない。メールにその場で対応しようとする際は、五秒ルールに従おう。つまり、メールの内容に対処したり、質問に回答したりするのは、即座にできるメールだけに限るのだ。受信トレイを整理するための時間を前もって定期的に確保しているときは、特にそうだ。特定のメッセージにいつまでも時間をかけないように、意識しながら作業を行うようにしよう。時間がかかりそうなら、「４つのコア情報」に仕分けをしておいて、後で処理すればよい。

この「仕分け」という基本動作によって重要情報を体系的に整理しておくと、デイリー／ウィークリーＱ２プランニングを行う際に何をする必要があるか判断しやすくなる。すでに確実かつ完全なマスター・タスクリストが作成され、重要な予定がカレンダーに移され、コンタクトや書類も整理されている。思慮深く適切な選択を行い、大きな石に意識を集中する状況が整ったのである。

最初の二つの基本動作「事前策」と「仕分け」は連動するものであり、我々のクライアントの多くにとっては目から鱗《うろこ》の効果があったようだ。あるクライアントは次のようにコメントした。

> 受信トレイやカレンダーについていろいろ学んだことが刺激的だったので、金曜日の晩を使って整理してみました。おかげで、一万九〇〇〇通以上も入っていた受信トレイが奇麗さっぱり空になりましたよ。ルールを設定したり、ファイルやサブファイルをつくったりしてね。整理がつくと気分的にもスカッとしますね。これまで受信トレイが私にとって、毎朝さぞかしストレスに

なっていたんでしょうね。

また別のクライアントは次のように述べている。

私の場合、メールが七五〇〇通もたまっていたので、最初の削除作業は大変でした。でも、御社のオンラインセミナーを受けた二週間後には、私の受信トレイはメールが一通しか入っていませんでした。今では、それでも多いと感じるほどです。私は長い間、整理できなかったんです。もう以前の状態には絶対に戻れませんね。

以上、二つの基本動作の威力を理解してもらえば、受信トレイがあなたの敵ではなく、力強い味方になるはずだ。やはり、Outlook、Google、IBM Notesなどのソフトを持っているなら、あなたのメール、カレンダー、タスクリストはすでにある程度統合されていると思われる。そうであれば、この二つ目の基本動作がさらに容易になるはずだ。

基本動作を応用する

「基本動作2：仕分け」に熟達すると、この作業をするのが楽しみになり、周囲の人たちにもっとメールを送ってほしいと頼みたくなるかもしれない。たとえば、こんなふうに。

● ファイナンスパートナーと一緒に明朝一〇時の会議に参加できるか、と尋ねられたあなたは、詳細か招集通知をメールで送ってほしいと答える。こうしたメールはカレンダーに簡単に組み込めるからだ。

● 一緒にランチを食べていた相手から、自分の代わりにリサーチ結果をチェックする時間があるかと尋ねられた。受けることにしたあなたは、その書類をメールに添付して送るようにと頼む。そうすれば、タスクに移せるからだ。

あなたはこの基本動作を習得すると、押し寄せてくる緊急事項の一つひとつが「4つのコア情報」の中のどれなのかを見抜けるようになる。ハイテク製品を持っていようがいまいが、何事も

「仕分け」をしたくなるだろう。たとえば、こんなふうに。

- 妻から、帰りがけに牛乳と焼き立てのパンを買ってきてほしい旨のショートメッセージを受け取ったあなたは、それをすぐタスクリストに移す。あなたがデジタル機器をお使いなら、念のためにリマインダーをセットしておけば安心だ。楽しい晩となること間違いなし。
- あなたは新しいミュージカルの広告に目が留まる。かねがね見たいと思っていたもので、近所の劇場にやってくるようだった。忘れても大丈夫なようにと、あなたはすかさず自分のマスター・タスクリストにこの情報を加える（運転中なら車を片側に寄せ、停止してから行うこと）。
- あなたは、いつかつくってみたいと思うレシピをいくつか見つけた。あなたはそれらを、キッチンの戸棚で不気味に積み重なっている紙の山の中に紛れ込ませずに、自分の「4つのコア情報」のメモ／書類に仕分けた。

要するに、「4つのコア情報」の処理の仕方がしっかり確立していれば、重要な情報に出くわしたときにそれを「仕分け」することができる。そうすると、Q2プランニングの過程で必要なときに利用できるというわけである。

基本動作３：整理

必要な資料が揃わなくて会議に遅刻したとか、プロジェクトの作業用の時間を確保したのにデータが見つからなくて無駄にしてしまったなどという経験はあるだろうか。必死に探し物をしているときなどは、どの領域に分類されるだろうか。通常はＱ１であり、それも自ら課した事柄である。時間はもっと有効に使いたいものだ。その際に役立つのが、「基本動作３：整理」である。

この基本動作の考え方は、情報の関連性を把握し、「４つのコア情報」の間で前もって可能な限りリンクさせておくということだ。これをしておけば、後で探す手間が省けるのだ。要するに事後に対処するよりも事前の準備を重視するということであり、ほとんどの場合、時間は大してかからない。デジタル情報については、かなり有効な検索機能が数多く登場している。とはいえ、重要情報の整理およびリンクづけを徹底すればするほど、必要なものが見つけられないリスクは低下する。そうすれば、あなたの信頼は増し、手元の重要な仕事により集中できるはずだ。それに、紙に書かれた情報には検索機能は何の役にも立たない。

整理には次の方法がある。

- 実際のファイルを埋め込む。
- アクティブなハイパーリンクを挿入する。
- テキストベースのリンクを作成する。

具体例で見てみよう。

- ジョンは数週間後に開かれる会議に、報告書をいくつか持参しなければならない。それで、直前になって慌てないために、その電子ファイルを自分のカレンダーの予定にインポートする。こうしておけば、会議室に行ってクリックしさえすれば、その文書を呼び出すことができる。
- ジョンは文書のコピーを作成する場合、予定にドロップする方法でやっているが、その文書にアクティブなハイパーリンクを作成してくれるソフトがある。この種のソフトを利用すれば、オリジナル文書はハードディスク上のどこかに保存しておき、リンクをクリックするだけでそのファイルを開くことができる。また、ネット上で読んだ記事に会議に関係する情報が含まれている、といった場合も、その記事へのハイパーリンクをコピーして貼りつけておけばよい。会議室で予定内のリンクをクリックすると、その情報が表示される。

● ジョンは文書を紙で管理しているか、もしくは彼のハードディスク内またはネットワーク上にないファイルをいくつか持参する必要があると仮定しよう。このような場合、持参物とその保存場所を思い出させてくれるテキストベースのリンク（ハイパーリンクに類似）を入れるとよい。具体的には、自分の予定の本文部分にこのようなメモをタイプしておく。

〈マーケティングファイル／四半期報告書／市場価格報告書〉

このメモの冒頭と末尾の「〈〉」は、この会議に関係する情報があることを示す記号である。このメモは、どんな情報がどこにあるか（マーケティングファイル／四半期報告書）、最終的にどの文書を必要としているか（市場価格報告書）を彼に教えてくれている。この形式は、ネット上で使用されるハイパーリンクタブや、ブラウザ最上段のアドレス欄内で目にするものと似ている。唯一の違いは、ジョンがこれを打ち込んだという点であり、それは、参照する対象が検索では呼び出せないファイルであるためだ。

形式はどのようなものでもよい。原則はただ一つ、必要なものを前もってまとめておくことだ。そうすれば、記憶が大分薄れたころになって探し回る必要がなくなる。この手法はさまざま応用が利く。たとえば次のようなものがある。

- あなたが開催しているグループ会議において、全員で検討したい書類があれば、それをその会議の予定に添付しておく。こうすれば誰もが簡単にアクセスでき、後になって誰かから請求されることはなくなるだろう。
- あなたがグループ会議に呼ばれたとき、個人的に持参したい文書があるときは、それと同時刻にもう一つの予定を作成し、自分のカレンダーだけに表示されるようにする。「会議用文書」などと名前をつけ、その文書にリンクを張る。こうすると、会議の予定に添付されているが、あなただけが閲覧できることになる。
- あなたは、ほかの人たちと共有し、絶えず更新している財務報告書をサーバに保存しているが、これはチームの会議で毎週参照する必要があるものだ。こうした文書へのリンクを作成し、反復予定に組み込んでくれるソフトがいろいろ出ている。こうしたソフトを利用すれば、あなたは毎週このリンクをクリックするだけで、最新データを閲覧できる。

こうしたリンクをいくつ作成するかは、あなた次第である。ただ、リンクばかりに気をとられ、結果としてＱ４の活動になってしまっては元も子もないが、さまざまな情報を事前に関連づけておくと、必要なときに相互参照できて便利である。

基本動作を応用する —— タグの活用

いくつかのソフトウェアは、情報を整理して関連づける手段としてさまざまな書類のタグを用いている。このタグづけ機能はリンクの作成にも役立つ。

たとえば、あなたの機器に、タグづけ機能を有するメモ作成／文書管理ソフトウェアが搭載されているとしよう。これを利用すれば、マーケティング会議などに関連するタグを簡単に作成できる。その場合、会議に関する記録などをいつでも閲覧できるようにしたければ、「マーケティング会議」などのタグをつけておけばよい。その文書がほかのカテゴリーに属するものであったとしても、そのタグ名をソフトに入力するだけで、そのタグのついた関連文書をすべて表示させることができる。使用するソフトやあなたの好みによって、ハッシュタグ（#記号と半角英数字で構成される文字列のこと。〈#MarketingMeeting〉、#MarketingMeetingなど）を用いて、あなたのシステム内のタグであることを示すことも可能である。

そうすると思い出すのが、前に紹介した「無刀」という考え方だ。達人というのは、テクノロジーが変化しても戦いに勝利し続けることができる。なぜなら、基本的な概念や原則を熟知している、という強みがあるからだ。具体的な手段やテクノロジーは二の次なのである。

受信トレイのデトックス――深刻な生き埋め状態を解消する

さて、あなたはどこから手をつけるつもりだろうか。ひょっとしたら、「自分はメールが何千通もたまっているので、いつになったら減らせるか見当もつかない」などと、半分諦め加減かもしれない。自分の受信トレイを眺め、何とかして抜本的な対策を講じようと思うなら、これから紹介する方法を試してみてほしい。三つのステップを通じて、整理され管理された状態を取り戻そうというものだ。二時間ほどかかるが、意外と簡単で、試みる価値は十分ある。

ステップ1：受信トレイ内に「デトックス（解毒）」という名前のサブフォルダをつくる。
ステップ2：直近のメール二〇〇通を除き、受信トレイ内のそのほかのメールをすべて「デトックス」フォルダに移す。これで受信トレイ内は二〇〇通だけとなる。
ステップ3：この二〇〇通に目を通し、次のいずれかの処理を行う。
- 削除する。
- 今後処理するための具体的なルールをつくる。
- 後で読めるように、「4つのコア情報」（予定、タスク、コンタクト先、メモ／書類）のいずれかに変換し、その後削除する。
- または、メッセージへの対応が一分以内で可能なら、対応する。

二〇〇通程度なら、ただ仕分けを行うだけであるから、処理にさほど時間はかからないだろう。一分以内に終わるもの以外、今対応はしないのだ。以上の三つのステップを踏むことで、あなたの受信トレイはすっかり片づき、この状態を常に維持するための基本的ルールもいくつか設定されたことになる。「デトックス」フォルダに移したメールに何らかの理由でアクセスする必要があるときは、そこで検索すればよい（これはあなたがこれまでも行っていたことと思う）。こうした必要が生じることはまれだろう。あなたの受信トレイは今や奇麗に整理され、新たな出発をするのだ。

また、メール整理の時間を定期的に確保し、必要に応じて新たなルールをまめに設定するようにしよう。機能的で、忍者と呼ぶにふさわしい受信トレイに生まれ変わるのも、そう遠い日ではないだろう。

Q2メールマニフェスト：電子メール利用指針を策定する

組織全体におけるメールとの広範囲な闘いに勝利するには、メールそのほかの通信手段について共通のルールを決めるのがベストだろう。あなたが上司の立場にあれば、このことは特に重要である。だが、上司でなかったとしても、チームや組織内で発生する緊急事項への対処法を変えるため、あなた自身の影響の輪の中でできることがあるはずだ。

たとえば、あなたの会社の人たちは「全員に返信」病に侵されてはいないだろうか。これはどこから見ても、愚かな対応と言わざるを得ない。ＣＣについてはどうだろう。社内のどの送付先リストにもあなたの名前が載っていないだろうか。さらに、お礼のメールについてはどうだろう。「ありがとうございます」と「どういたしまして」を何度も繰り返してはいないだろうか。Q2メールマニフェストのサンプルを次ページに紹介する。これをもとに、あなたの組織に適した利用指針を作成してみてほしい。

次のページのマニフェストはメールに関するものだが、ショートメッセージ、チャットなど、ほかにも数多く存在する通信手段についても使用の範囲や基本ルールを定めるとよい。また、これらのマニフェストを必要に応じてあなたのマニフェストに加え、あなた個人および組織にとってより良いものに仕上げていってほしい。このことは家族やそのほかの人たちにも応用できる。勤務中やそのほかの時間帯などに連絡を受けた場合のあなたの対応の仕方を、前もって明確に示しておくのだ。予想できる状況についてこのようなことを一緒に決めておくと、イライラすることがかなり減り、良好な関係を長く保てるだろう。

これが有効な分野の一つは、勤務時間外の連絡だ。たとえば、夜遅く上司からメールかショートメッセージが届いたとしよう。あることをしてほしいとか、ある物を手に入れてほしいとか、ある事柄を調査してほしい、といった内容だ。「すぐやれ、ということなのか？」そんな不安を抱えた

Q２メールマニフェスト

Q２にとどまり、Q３およびQ４、さらに不要なQ１を意識的に避けるべく、私たちは互いに協力して次の指針を遵守することを誓います。

- メールを送信する必要が本当にあるか、Q３、Q４、Q１に相手を誘い込むことにならないか、意識して判断する。
- 相手が自ら優先度を判断できるように、件名欄に「Q１」か「Q２」の文字をできるだけ使用する。
- 全員への返信はどうしても必要なときだけに限る。
- 送付先リストは頻繁にチェックし、必要な名前だけに絞る。
- 受け取る相手にとって本当に必要な場合のみ、CC をつける。
- メールの目的を件名欄に明示する。
- 最善の対応を引き出すため、メールはできるだけ短くする。
- メールを２回から３回やり取りして解決しない問題は、電話で話をする。
- 何が必須か慎重に判断し、「重要」や「優先」などの文字をメールに添えるのは本当に必要なときに限る。
- メール送信後 15 分ほどで受領確認をすると、相手の仕事を邪魔することになる――これはQ３である――ため、返信までの標準的な時間を決めておく。

ままではとても眠れないだろう。常時アクセス可能というデジタルのメリットは、仕事とプライベートのバランスを何とかとろうとしている人たちに、まるで違う現実を突きつけてくる。

我々が知っているある企業の幹部社員は、その日のメールを夜まとめて整理しているそうだ。そして、自分のチームの面々にはっきり言ってあるという。勤務時間後に自分が送ったメールで、件名に「Ｑ１」の文字がないものは一切無視してよいが、その記載があれば、それは本当に重要なものである、と。翌朝、あるいは週の始まりまで待てない用件など、そう多くはないはずだ。彼女はまた、勤務時間外にショートメッセージを送ったりは絶対にしないという。勤務時間外のショートメッセージは、いかにも緊急という感じを与える。相手としては見ないわけにはいかず、それがストレスになるのだ。こうした連絡への対処法を事前に明確に示すことで、あなたも、また相手もストレスがかなり軽減されるだろう。

組織全体の指針を策定することが組織内におけるＱ２カルチャーの醸成にどう役立つか、さらに詳しく知りたいなら、「あなたの組織にＱ２カルチャーを醸成する」（三二一ページ）の章を参考にしていただきたい。

生産性促進のためのQ2アクセラレーター：多様なアプリケーションを有効に活用しよう

テクノロジーに関する章において、ソフトウェアやモバイル端末の世界に触れないわけにはいかないだろう。幸い、あなたが思いつく機能をほとんど備えた高品質ソフトウェアが数多く揃っており、低価格または無償で提供されている。だが、こうしたソフトが豊富に存在することによって、逆に弊害を生む恐れもある。興味深いソフトウェアが実質的に無償で、簡単に手に入るということは、こうしたテクノロジーによって作業が中断されやすくなり、集中した意識が乱されるということだ。私たちは通常、ソフトウェアの費用対効果まで考えずに試すかどうかを決めている。だからこそ、ソフトウェアショップは繁盛するのだろう。だが、あなたはすでに、Q2という領域および注意力散漫の代償について明確に理解するとともに、華やかな新商品に目を奪われがちな私たちの生来の傾向を認識したはずだ。であれば、緊急事項が次々と飛び込んでくる状況を出現させている原因に対しても判断力を働かせることができるはずだ。

あなたのQ2役割やQ2目標を明確に意識したうえで、自分のスマートフォンやタブレットに現在インストールされているアプリケーションの一覧を洞察力ある目で眺めてみてほしい。Ｑ２といえるか、それともＱ３やＱ４だろうか。どれを削除し、どれを残すか。効果的なテクノロジーや生産性の基本規則について得た知識を生かして、何を加えるべきだろうか。あなたが使用しているアプリケーションを「時間管理のマトリックス」のレンズを通して眺めると、非常に生産的なものもいくつかあることに気づくだろう。あなたの時間や資金を節約したり、重要な目標を達成したりするのに役立つようなものだ。出張経費管理、フィットネス、ニュース、個人用財務管理、ソーシャルメディアなどのソフトは、それぞれの分野においてあなたの努力を促進してくれる働きがある。また、リラックスするのに役立つものや、素晴らしいゲームなどもあるだろう。

ただし、アプリケーションの有効性を判断する際に用いた原則を、それだけで終わらせないでいただきたい。ぜひほかの種類のテクノロジーにも応用すべきだ。そうすれば、あなたが本当に重要な事柄に意識を集中するのを妨げる原因ではなく、あなたの仕事をはかどらせるような手段を意識的に集めることもできるようになるのである。

闘いに打ち勝つ

武術を習得しようと思ったら、時間やエネルギーを費やして練習を積み、誤りを教訓としてさらに練習を重ねる必要がある。だが、その効果はとてつもなく大きい。Q2プロセスマップは、あなたが自分に押し寄せてくる不要な事柄を排除し、一面の小さな石の中から大きな石にしっかり対応する力を身につけられるようにするためのツールである。このマップに従うことにより、物事に対する見方を習得し、困難な状況や異常な事態が出現したとき、自分の集中力やエネルギーをどのように費やすべきか、優れた判断を行うことができるのだ。

どのような闘いであれ、もっとも重要な戦力は結局のところ、穏やかで乱れのない心である。それがあれば選択の瞬間に、優れた柔軟性と判断力をもって行動できるのだ。この章で紹介したスキルはいずれも重要だが、それ以上に重要なのは、ハイテク機器が発するさまざまな音に自然と反応したくなる衝動を克服し、冷静かつ明快な思考に基づくQ2の視点から意識的に行動する能力である。日本の著名な歴史作家、吉川英治は述べている。「真剣な学生は、武術の訓練よりも、自らの心を磨き、精神を鍛えることに関心がある」と。Q2プロセスマップの要素を定期的に練習することにより、Ｑ２の考え方をあなたの中にしっかりと確立してほしい。そうすれば、あなたの人生における、より大きく、より重要なものに対して、まるで剣豪のような集中力をもって勝負に挑めるであろう。

楽な気持ちで始めよう

「テクノロジーに使われることなく、テクノロジーを支配する」という「第４の選択」の原則および手法を導入するための簡単な方法を紹介する。あなたにもっとも適したものを選んで実行してみてほしい。

- あなたが「４つのコア情報」を保存している場所を確認し、その中の一つの情報について、管理方法の改善策を考える。
- 一五分ほど時間をとり、自分の注意をもっともそらすメールまたはもっとも重要なメールを処理するルールをいくつか設定する。

- メールを五通選び出し、それらを「4つのコア情報」のいずれかに変換する。
- 文書がいくつか必要となる会議の予定をカレンダーから見つけ出し、それらの文書をその会議とリンクさせる。
- 二時間ほど時間をとり、受信トレイを整理する。
- 「付録A：電子メール利用指針 —— 主要な二五項目」(三三二ページ)で示したアイデアから二つ三つを選び出し、全員でそれを遵守する意志があるか、チームのメンバーに確認する。

この章のまとめ

- テクノロジーには、小さな石の流れを加速させる恐ろしい面もあり、私たちはともすると、さほど重要でない無数の事柄で生き埋めにされてしまう。
- 無刀という武術の理想を追求し、いかなるテクノロジーもＱ２の考え方で使いこなせるように、基本的な原則とスキルを習得する必要がある。
- 混乱の中にも秩序は存在する。飛び込んでくる情報を予定、タスク、コンタクト先、メモ／書類という四つのカテゴリーに分類しよう。
- 情報を紙で管理するなら「すべての情報を一ヵ所に」、デジタル機器で管理するなら「すべての情報をすべての場所に」という鉄則を守ろう。
- 次々と発生する緊急事項に対して、「事前策」「仕分け」「整理」という三つの基本動作で対抗しよう。

第三部
エネルギーの管理

第5の選択 燃え尽きることなく、燃え上がる

思考する力が、人生の本質である。

——アリストテレス

我々の良き友人マリアンはあるとき、自分がキャリアの分かれ道に立っていることに気づいた。彼女は幹部社員として仕事に励んでいたが、始終苦痛を感じ、彼女の脳の中は一日中靄《もや》が立ち込めているようだった。思考力の低下により、重要な意思決定を処理する能力に自信がなくなり、重要な情報も忘れるようになっていた。彼女は最初、これは年齢のせいで、それなら自分だけではないだろうと思った。だが、症状が悪化するにつれ、自分の仕事やリーダーとしての職務を全うする能力にも不安を感じるようになった。自分の決定に基づいて動いている部下たちのことも気になり、そのうちに職務遂行能力の欠如を理由に解雇されるのでは、と気が気ではなくなった。

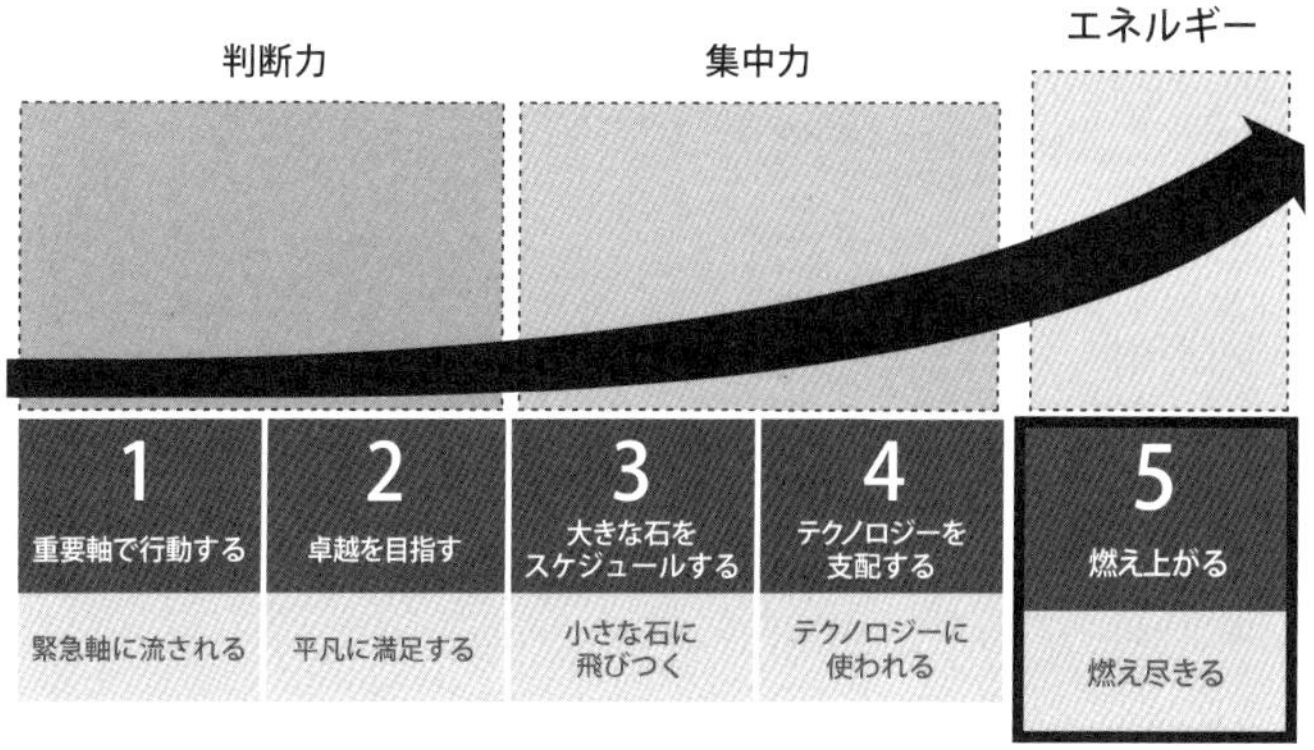

それならいっそ、自分から辞めてしまおうか、とも思った。

将来に対するこうした根深い不安と闘っていたある日、マリアンは娘から脳の活性化に効果的な食品と運動方法を勧められた。娘がある医師と共同で研究しているものだった。彼女は駄目でもともとという気持ちで、その医師のもとを訪ねた。そして、食事、睡眠、運動の習慣を脳のためにより良いパターンに変えることにした。これを二ヵ月間続けていると、彼女が感じていた苦痛は目に見えて緩和され、活動力も思考力も大幅に改善し始めた。一年も経たないうちに二〇キロ以上の減量に成功し、体が若返り、キレが戻ったようだった。ここ何十年間も感じなかった元気を取り戻したのだ。それ以上に重要なこととして、職場ではリーダーとしての役割を担い続け、今や以前にも増して行動的で魅力的なリーダーへと成長しているのである。

我々は本書を通して、脳は最大限活性化すべき最大の資産、そしてツールであると強調してきた。卓越した生産性を実現させるには、私たちは日々活動する時間の一瞬一瞬を、もっとも効果的な意思決定が意図的、意識的に行われるような生き方をしなければならない。自分の仕事や人生における重要な事柄について鋭く洞察し、そうした事柄を優先的に予定に組み入れ、実行できるような心の状態をつくることが重要なのだ。「これは重要か？」「自分のもっとも重要な役割や目標に沿っているか？」「小さな石が散乱する中、もっとも重要な事柄を一週間や一日の予定に組み込み、確実に成し遂げるようにしているか？」「不要なＱ３やＱ４の事柄にのめり込まないように、ハイテク機器の誘惑に毅然《きぜん》と対処できているか？」といった点をもっと心掛ける必要がある。

このような意識的な努力をするときは常に、普段以上の知力が必要になる。一日中脳の思考部位を働かせて意識的でいるためには、多くのエネルギーが要る。人間の脳は、重さでは体重全体の二％ほどにすぎないが、体が必要とするエネルギーの約二〇％も消費する。[1] さらに、ストレスのたまる仕事は気分や感情、そのほかの脳が関係する機能に影響するため、明確な思考や賢明な意思決定を行う能力を損なう恐れがある。第１〜４の選択のスキルを習得しようと思ったら、脳が必要とする酸素やブドウ糖を常時豊富に供給することが、Ｑ２の活動としてもっとも重要である。しかし残念ながら、今日ではこれが一番後回しにされてしまうのだ。

あなたのエネルギーは大丈夫か

常にストレスを抱え、食生活は偏り、運動や睡眠不足に陥っている、そんな今日の私たちの生活スタイルは、専門用語で言うところの「消耗症候群」へと至る。世間ではこれを「燃え尽き」と呼ぶ。私たちは、脳や身体が必要とする再新再生のための時間を先延ばしにしてまで、毎日必死に働き続ける。「倒れるまで猛烈に働く」をモットーにして。「我々のチームは真夜中まで残業した」「この週末、私は働き詰めだったよ」「休暇だって？　とんでもない。そんなものをとる余裕なんかあるわけないだろう」などと、自慢げに強がってみせる。こうした生活様式は結局、意思決定をはじめとする活動を遂行するための脳のキャパシティを食い潰すことになる。それだけではない。緊急事態や非常事態をずるずると引き延ばし、一日中Q1かQ3の事柄に対応していると、ただやみくもに働くというお決まりのパターンにはまり込み、最後はおのずとQ4に逃げ込む結果になる。これは、ずっと酷使されているから回復するための時間が欲しい、という脳の悲鳴にほかならない。こうして脳は、威嚇的でなく意識を集中する必要もない単純な活動しか耐えられなくなるのだ。この種の活動はつかの間の安堵《あんど》感を与えるかもしれないが、長い目で見ればエネルギーの浪費にすぎないのである。

それに対して、卓越した生産性を発揮する人は常に充電を怠らない。それで、一日中エネルギーと能力に満ちあふれている。つまり、Q2の考え方をしているため、脳と身体に絶えずエネルギーが送り込まれて、それで最高のパフォーマンスを発揮できるのだ。さらに、火が消えないように燃料を供給し続ける習慣も身についている。思慮深く意識的な選択を行うのに必要なエネルギーを常に維持し、達成感を抱きながら一日を終えられるようになるためのヒントを提供すること、それが本章のテーマである。

目的意識が生み出す効果

あなたの脳のエネルギーを生み出す源は二つある。強力な目的意識とあなたの肉体である。「第2の選択」で作成した「Q2役割ステートメント」を思い出してほしい。あなたにとってもっとも重要な役割における成功のイメージを考えるにはまず、あなたの目的、すなわち大きな貢献をしようという動機を見つけることだ。その役割において日々達成感を得ようと励む過程で、この目的が膨大な量のエネルギーとパワーを生み出すのだ。

「Motivation（動機）」の語源は、「動かす」という意味のラテン語「movere」にある。物を動かすにはエネルギーが必要であり、自分が動かされるようなイメージを描くと、普段はとても努力しようと思わない状況でさえ、信じられないほどの努力をしたりするものだ。より深い動機と目標のおかげで、自分が思っていた以上に頑張ることができた、という話は聞いたことがあるだろう。こうした深い動機をつくり出し、日々の活動に絶えず送り込むことは可能だ。あなたが自分のQ２役割における最高の目的と願望に沿った行動を心掛ければ、こうした状況は出現するのである。

ダニエル・ピンクによると、内発的なモチベーションを感じて活動する人は、これを生み出す根源を持たない人よりも「自尊心が高く、良好な人間関係を築き、総じて大きな幸福感[2]」を抱いていることを示す調査結果は数限りなくあるという。彼はさらに、この調査を次のように要約している。「きわめて強く動機づけられた人々――当然ながら、生産性が非常に高く満足度も高い人々――は、自らの欲求を、自分以外の『より大きな目的』に結びつけるものだ[3]」

説得力のある目的を持たずに活動すると、脳のエネルギーを消耗させるだけのこともある。だが、強い目的意識が頭の中にあると、脳の奥深くで情緒をつかさどる部分が私たち自身の具体的な意図や大義と結びつけられ、脳がよりいっそう同期されるのだ。このことは、忙しい仕事の陰に追いやられがちなプライベートにも当てはまる。Q2役割とQ2役割ステートメントは、あなたが個人としての役割について再考し、活用されていないエネルギーを大切な役割の遂行に用いることができるようになる。そうなると、脳の活動も違和感が解消されてより明快になる。また、それと同時に、あなたの活動すべてにおいて、より高いレベルの意義と充足感が得られるのだ。

脳や身体のエネルギーを生み出す五つの要素

強力な目的意識を持つことはきわめて重要だが、長期的に見るとそれだけではうまくいかない。もう一つ、身体の中にエネルギーを生み出す源がないと、壁に突き当たるリスクはなくならない。そういう状況に陥る恐れがあるのは、どういう人だろうか。目標に魅力を感じながらも、それをやり遂げるだけの身体や脳のエネルギーがない人、張り切って仕事に取り組みつつも、内心では「これでは回復するのに一週間はかかりそうだ」などと思っている人、一週間の仕事に全精力を使い果たし、週末には抜け殻のようになる人といったタイプだ。

結局、肉体も脳も空っぽな状態で活動していると、それがその人の願望や目的意識に影響するのだ。目標の達成は無理だと思うと目標を下げ、極端な場合には気分が落ち込み、うつ状態になるケースも見られる。重要な目的を成し遂げ、日々の意思決定を通じて成功を手繰り寄せる能力を維持するには、徹底したケアによって十分に機能する身体から生み出される肉体的エネルギーを維持し、脳に酸素とブドウ糖を絶えずふんだんに供給する必要がある。

脳を健康にする方法は、そんなに難しいことではない。私たちは親やその道の専門家から、長年にわたって知恵を授かってきた。だが、二一世紀という時代は、絶えず有益な意思決定と意識の集中が重視されるため、脳の健康を促進する要素（ドライバー）の重要性を再認識する必要がある。五つのエネルギー・ドライバーを次のページに図示する。

1．運動

運動といっても、エクササイズをすることだけではない。身体というのはもともと動かすようにできている。あちこち動き回ると脳にさまざまな好影響が及び、これを怠れば問題が生じることが確認されている。

2. 食事

車のタンクにガソリンの代わりに泥を入れたりしないのと同じで、質の悪い食べ物を身体に取り込むべきではない。私たちが口に入れる物は、いわば脳の燃料になる。食事に関して守るべき簡単な指針がいくつかあり、これを守れば脳は活性化され、最適なパフォーマンスを発揮するはずだ。

3. 睡眠

学習した知識が定着し、記憶力が増し、複雑なデータや意思決定事項が無意識のうちに整理されるのは睡眠中である。夜しっかり睡眠をとると気分が良いだけでなく、生産性の向上という観点からも欠かせない。

4．リラックス

「ストレス社会」と言われる今日、大規模な頭脳流出が起きているともいえるだろう。脳内のストレス反応を鎮め、冷静でゆったりとした気持ちで行動する術《すべ》を身につけると、私たちのパフォーマンスに計り知れない効果がある。

5．社交

脳は基本的に生存のために積極的な人との交流を必要とし、それが膨大なエネルギー源になる。有意義な人間関係の構築・維持に時間を費やすことは、脳にとってはまさに栄養なのだ。

こうしたクリーンで再生可能なエネルギー源を有効活用するにはどうしたらよいか、実用的なヒントをこれから紹介していく。まずは、これら五つのエネルギー・ドライバーに関するあなたの現状を知るため、次の簡単な自己分析を行っていただきたい。目盛りの中で該当する位置の数字を丸で囲んでほしい。

全然当てはまらない（0）↔ 大いに当てはまる（10）

		0	1	2	3	4	5	6	7	8	9	10
1.	仕事の日の朝も定期的に運動する。	0	1	2	3	4	5	6	7	8	9	10
2.	もっと精力的に動けるように、一貫性のあるエクササイズ・プログラムに励んでいる。	0	1	2	3	4	5	6	7	8	9	10
3.	一日中思い切り活動できるように食生活を工夫している。	0	1	2	3	4	5	6	7	8	9	10
4.	食事は毎回、栄養価の高いものをとるようにしている。	0	1	2	3	4	5	6	7	8	9	10
5.	毎日七時間以上睡眠をとる。	0	1	2	3	4	5	6	7	8	9	10
6.	毎晩よく眠れている。	0	1	2	3	4	5	6	7	8	9	10
7.	有効なストレス対策を実践している。	0	1	2	3	4	5	6	7	8	9	10
8.	なるべくストレスのかからない生活スタイルを心掛けている。	0	1	2	3	4	5	6	7	8	9	10
9.	自分の大切な人たちと定期的に触れ合う機会をつくっている。	0	1	2	3	4	5	6	7	8	9	10
10.	有意義な生き方に資する目的や価値観を持ち、それを定期的に思い起こすようにしている。	0	1	2	3	4	5	6	7	8	9	10

合計点

一般的な目安として、合計点が六五点に達しなかった方は、脳のエネルギーの強化に向けた対策に取り組んだほうがよいだろう。項目の一つ、またはいくつかで点数が芳しくなかった方は、この後該当するドライバーの章を特に注意深く読んでほしい。多くの項目で点数が悪かった方もいるかもしれないが、心配することはない。それぞれについて学んだ後、興味を感じるものから始めればよい。一つの項目について克服できたと感じると、ほかのものにも取り組む意欲が湧いてくるだろう。

第１のドライバー：運動

「運動は身体に良い」これはよく言われることであり、確かにそのとおりである。定期的に運動すると記憶力が強化され、脳や身体の健康が増進することは、多くの研究によって裏づけられている。だが、多くの人は運動不足を訴える。あなたもその一人であれば、それを重要なＱ２活動として定期的に実行すべきであり、そのためにはＱ２目標とＱ２タイムゾーンが必要になる。

ただ、脳の健康は運動だけでは維持できない、という調査結果もある。定期的に運動していたとしても、そのほかの時間はずっと椅子に座っているような生活スタイルであれば、せっかくの運動の効果が帳消しになってしまうのだ。一日中デスクの前に座ってパソコンを相手にする仕事をしている人が多い今日、安閑としてはいられないかもしれない。

座りすぎのリスクは喫煙にも劣らない

こうした調査結果を総括するとしたら、「座りすぎのリスクは喫煙にも劣らない」となるだろう。喫煙と比較することの適否は意見が分かれるかもしれないが、この指摘は真剣に受け止める必要がある。脳が身体と作用し合うことによって、両方のエネルギーが供給される。人が一つの場所から別の場所まで歩いて移動できるのも、脳と身体の驚くほど緻密《ちみつ》な連携の成せる業である。一つの統合された運動系がそこに関わっているのだ。だが、身体が動いていないときは本来あるべき活動の多くが行われないため、脳もスタンバイ状態になる。このようなとき、身体を睡眠状態に移行させる化学物質が放出される。そうすると脳への血流が減少し、覚醒を低下させ、思考力や判断力が鈍ることになる。

ハーバード大学医学大学院のレイティ博士は指摘する。「たとえ体調が良く、運動もしていても、座りすぎは脳の細胞を破壊するという調査結果が続々と発表されています」[4]。博士はさらに続ける。

立っているときは座った状態よりも、脳の働きが七%活発化します。大きな骨格筋が動くからです。立った姿勢でいると前頭前野が活動し始め、それでよりはっきりと考えられるようになるのです……問題は、それを習慣化できるかどうかです。確かに難しいことですが、やる気になりさえすれば何とかなるものですよ。[5]

私たちの身体は、本来動くようにできている。私たちの遠い祖先はどこへ行くにも歩いて行ったが、現代を生きる私たちとしては、一日六～七キロが生理的に適度な距離である。脳のエネルギーを保つには、身体を活発に動かすことが不可欠である。[6]これは生物学的事実なのだ。

では、こうした運動不足を解消するにはどうしたらよいだろうか。そのためのアイデアをいくつか紹介する。あなたがこれらのどれかをすでに意識的に、または無意識に行っているのであれば、それは素晴らしいことだ。行っていないという方は、日課に組み入れてみてほしい。すでにやっている人も、それに加えて試してみてはどうだろうか。

- 脳を休める時間を一日の中に定期的に設ける。ドリンクコーナーに行くだけでもよい。少なくとも九〇分おきに椅子から立ち上がって歩き回るようにする。
- エレベータよりも階段を利用する。
- 昼休みなどに散歩をする。
- オフィスやショッピングセンターに車で行くとき、建物の入り口からできるだけ遠い場所に駐車する。
- ミーティングを歩きながら行う。

我々がある友人から最近聞いた話を紹介しよう。

デスクに座ってずっと仕事をしていると、頭が少しボーっとすることがあります。そんなときは、立ち上がって少し歩き回るようにしています。頭の中に詰まったいろんなものを振り払って、数分後にまた仕事に戻ると、答えが自然に浮かんできたりするんです。一日の中で定期的に動く時間をとるようにして、とても良かったと思っています。頭の回転が全然違いますからね。

あなたの職場環境を踏まえ、運動を日常的に行う方法をもっといろいろ工夫してみてほしい。

ワシントンD.C.に住むテッド・エイタン博士は、散歩しながら打ち合わせをするという。彼はそれを「WWW（Working While Walking、歩きながらの仕事）」と呼んでいる。あなたが誰かと打ち合わせを行う予定があるとき、歩きながらでもよいか尋ねてみるとよい。「いいですよ」という返事であれば、時間を決めてどこかで落ち合い、歩き始めよう。最寄りのコーヒーショップなど、頭の中で目的地を決めておくのもよいだろう。仕事が片づくだけでなく、新たな関係が芽生えるかもしれない。人と一緒に散歩をすることには何か特別なものがある。[7]

もう一つの運動、エクササイズ

このように定期的に身体を動かすことが重要だが、それに加えて適切なエクササイズも行うようにすれば理想的である。脳と身体のエネルギーを最大限発揮するには、この両方が不可欠なのだ。エクササイズの中でも特に有酸素運動には、脳の物理的構造を変える力がある。エネルギーが不足した脳という器官に血液、酸素、ブドウ糖を送り込む機能を強化してくれる。あなたが活動的であればあるほど、脳内のドーパミン受容体が増え、集中力が向上するのだ。「有酸素運動ほど、新しい脳細胞の成長を助けるものはありません」ジョン・レイティ博士はそう指摘する。[8]

ただ、こうした効果的なエクササイズを始めるにしても、あなたの年齢や目下の体調を考慮して選ぶ必要がある。こうした判断は医師に相談してから行ったほうがよいことは言うまでもないが、激しいエクササイズに興味を感じたら躊躇《ちゅうちょ》せずに始めるべきだ。運動に関する最新の研究によれば、激しさの程度と種類があなたや、より年配の人の総合的なフィットネスレベルにもっとも影響するという。[9]ジョギングであれ、団体スポーツであれ、ジムでのトレーニング、水泳、ウェイトトレーニング、あるいは専門的な施設で行う本格的なトレーニングであれ、あなたのフィットネスレベルを高める方法は無数にある。どんな年齢であっても、やれることはあるのだ。

御年七二歳という脳科学の専門家リチャード・レスタック博士は、週に少なくとも三回はジョギングをするという。「三〇分から四五分程度、市内のあちこちを早足で歩くようにしています。こうすると、違った景色の中でエクササイズができ、これが脳の働きを活発に保つ秘訣《ひけつ》です」[10]レイティ博士も指摘する。「年齢的に遅すぎるなんてことは決してありません。九三歳の人でも、運動をするようになると脳が若返るんです。中年の方がエクササイズ・プログラムを始めれば、一〇歳から一五歳は若返るでしょう」[11]

若くて健康に自信がある人でも座っている時間が長い生活スタイルは問題であり、将来身体的障害を抱えるリスクが高まる。

エイジェイはまだ三〇代という若さながら、エグゼクティブとしてバリバリ仕事に打ち込んでいた。仕事が好きで、多くの時間とエネルギーを費やしていた。彼の身体には、こうした働き方が染みついていた。それもそのはず、大学からビジネススクール、さらにはキャリアをスタートしてからも、ずっと同じペースでやってきたからだ。そんな彼が最近、体調の変化を感じるようになった。夜になるとぐったりし、週末にはほとんど気力も残っていない有り様だった。こうした不調の影響は、まだ幼い子どもたちのみならず、仕事にまで及び始めていた。頭痛や筋肉痛にたびたび襲われたが、これ位でへこたれるものかと、彼は自分の身体にさらに鞭《むち》打つだけだった。

ところが、ある年の夏、そんな彼に一大転機が訪れる。家でホームパーティを開いたときのことだった。家族の一人が、個人トレーナーをしている友人を招待していた。そのトレーナーが、座る時間の長い生活がもたらす弊害、とりわけ座りすぎが及ぼす肉体的影響に関する調査について話し始めた。彼は、自分もそれにぴったり当てはまると思った。そういえば、このパーティの間もほとんどソファーに座りどおしだった。前の週の仕事の疲れがたまっていて、何もする気になれなかったのだ。「まだ三〇代なのに、俺のこのざまは何だ。まるでよぼよぼの年寄りじゃないか。まいったな」彼は心の中でため息をついた。

その翌週、彼はこの個人トレーナーのもとを訪ね、身体の機能をあちこちチェックしてもらった。トレーナーが簡単な運動をいくつかさせたところ、彼が内心感じていたとおりの結果だった。彼は消耗しきっていたのだ。肩と背中の筋肉はもはや脂肪を燃焼させる機能を果たしていなかった。座りすぎが原因で、筋肉はほとんど働いていなかったのである。彼はこうした状態を治そうと決意した。「このままでいたら俺はどうなってしまうのだろう?」そんな不安に襲われたからだった。

彼はそれからの数ヵ月間、それなりの費用をかけてトレーナーの徹底指導を受けた。簡単な運動からスタートし、いくつかの主要筋肉の機能回復を中心に取り組んだ。最初のうちは負荷の少ない運動だったため、情けない気持ちにもなったが、そこまで筋肉の力が弱っていたのかと思い直した。自分が失っていた健康の基礎を取り戻さないと、と。トレーナーの指導を二、三ヵ月受けていると、体力が戻り始めた。その後、もっと若いころにやっていたスポーツにも参加できるようになったため、スケジュールを見直してこうした運動を優先して行うようにした。

今、四〇代になったエイジェイは、かつてなかったほどの体調の良さを実感しているという。自分の健康および体力に毎週Ｑ２投資を続ける、という彼の強い意志が実を結んだのだった。再び仕事に喜びを感じられるようになったばかりか、そのほかの分野にも精力的に取り組む気力が湧いてきている。体力を回復させるという彼の決意が、まったく新しい人生に足を踏み出すきっかけとなったのである。

こうした経験はエイジェイだけのものではない。我々は、健康に関する切羽詰まった問題（Ｑ１）に直面し、自らを変革する必要性に気づいた人々を数多く知っている。だが、このドライバーの改善に定期的に時間をかけて取り組むこと（Ｑ２）により、身体と脳の健康状態が増進され、ピンチを脱することができるのである。運動に関して忘れてならないことは、脳が身体と作用し合ってエネルギー供給が行われるということだ。身体のために良いことは脳のためにも良いのである。

第2のドライバー：食事

脳を活性化させるもう一つの効果的な方法は、食事を改善することだ。食べ物と脳の関係に関する優れた研究者で、我々の協力者の一人でもあるダニエル・G・エーメン博士は、次のように述べている。

食べ物によって脳のエネルギーを高めることは可能ですが、これに関しては注意が必要です。私たちはストレスを受けると、糖分の多い食品やアルコールなどを摂取しようとしますが、こういうものは身体に良くありません。ストレスの対策としては、健康的な食事をするのが一番です。それによって、血糖値のバランスが保たれるのです。

エーメン博士のこうした説明は、脳科学から導き出されている。脳はブドウ糖で機能する。それで、人は疲れたり衰弱したりすると大概、糖分（またはカフェインなどの興奮剤）を急いで摂取して脳を再び元気にさせようとする。だが、そうすると脳を異常に興奮させるため、しばらく経つと逆に落ち込みが激しくなるのが普通で、いわゆる「クラッシュ」という状態を生じさせる。そして、この変化が私たちの身体と脳にダメージを与えるのだ。その日一日くらいは乗り切ることができるかもしれないが、明快に思考したり、高いパフォーマンスを発揮したりするのに欠かせない持続的かつ健康的なエネルギーに取って代わることはできない。

脳が本当に必要とするのは、高品質な食物源から得られるブドウ糖が安定的に供給されることだ。今日の世界でこうした状況を生じさせるのはやはりQ２に分類される事柄を選択して取り組むことであり、生産性や一日を通しての気分という点で考えると、その効果は絶大である。脳に優しい食事をとるための注意点をいくつか示そう。

１．良質のカロリーを摂取する

カロリーは重要だが、健康を維持するためには、カロリーの摂取量と消費量のバランスをとるだけでは十分でない。大まかな注意点としては、良質の栄養素を摂取するということだ。エーメン博士は指摘する。「シナモンロール一個が七二〇カロリーあり、脳の働きをそれだけ低下させます。それに対して、ホウレンソウ、サーモン、ブルーベリー、リンゴ、クルミ、赤ピーマンでつくったサラダはわずか四〇〇カロリーほどで、エネルギーを補給し、脳の回転を良くしてくれます」[12]

高次加工された栄養価の低い食べ物ばかり食べていると、過剰摂取で栄養不良の状態に陥る。さらにそうした食事では、質の悪い栄養素から栄養をとったり、添加物を処理したりするために身体が活動する。その結果、肉体的、精神的ストレスが増す恐れがあるのだ[13]。良質の栄養素は概して工場よりも農場から得られ、それを可能な限り自然な状態のままで摂取するのがよいという簡単な教えを忘れないでほしい。

2. 水分を十分に摂取する

私たちの脳の八割は水である。カフェインやアルコールなど、脱水効果のあるものをとりすぎると、思考力や判断力が低下する。神経科学の専門家、ジョシュア・ゴーウィン博士は次のように指摘する。

私たちの脳が最適に機能するためには、適当な水分補給が欠かせない。脳細胞の活動には、水と各種要素の間の微妙なバランスが重要である。水分が減少しすぎるとそのバランスが失われ、脳細胞は効率を失うことになる[14]。

身体の水分バランスを良好に保つには、水を多く飲むことだ。大体の目安として、一日あたりコップ八〜一〇杯（約二リットル）程度の水を飲むようにしよう。

3．良質の脂質を摂取する

脳内の水以外の固形物は、その六割が脂質である。私たちの脳に脂質は実際欠かせないが、何でもよいわけではなく、良質なものが求められる。アボカド、オリーブ油、カノーラ油、ピーナッツ油、サフラワー油、トウモロコシ油、ナッツ（アーモンド、カシューナッツ、ピスタチオなど）、一部の魚肉などに含まれる不飽和脂肪がこれに該当する。脂質の取りすぎは健康に良くないが、脂質が足りない食事もまた問題で、身体や脳にダメージを与える恐れがある。

ケイティは、低脂肪食品に徹底的にこだわる母親の手で育てられた。彼女が大人になってから、その母親がアルツハイマー病にかかった。彼女は脳の健康に関する研究結果から、低脂肪への偏重もまた危険であることを知った。栄養素は脂質によって脳まで運ばれ、脳の相当部分は脂質で構成されている。脳内に取り込むか拒絶するかは、脂質の種類で決まる。ケイティは今、飛行機に乗ったときはプレッツェルよりもピーナッツを好んで食べる。また食事においても、動物性脂肪が過度にならないように注意しつつ、アボカドなどの良質の脂質をとるようにしている。

4. 良質なタンパク質を摂取する

良質なタンパク質は血糖値のバランスを保って集中力を高めるほか、脳のほかの部分に必要とされる構成要素を提供してくれる。また、神経伝達物質を形成したり、神経細胞の構造を支えたりするのに使われるアミノ酸を供給する。[15] 主要なタンパク質源としては、魚、七面鳥肉や鶏肉（皮なし）、豆、生ナッツ、低脂肪または無脂肪の乳製品、高タンパク質野菜（ブロッコリー、ホウレンソウほか）などがある。

5. 複合糖質を積極的に摂取する

複合糖質は代謝に時間がかかるため、血糖値のバランスをとる働きがある。低糖質で高繊維の炭水化物を考えてみてほしい。低糖質の炭水化物とは血糖値を急速に上昇させない炭水化物であり、繊維は消化器官の運動を活発に保つのに欠かせないものだ。低糖質で高繊維の食品の例としては、穀物、生野菜、果実類の多く、豆類などが挙げられる。

血糖レベルが低いと、脳全体の活動も低下する。脳の活動が低下するということは、欲求が強まり、誤った意思決定が増えることを意味する。単炭水化物や高糖質・高脂質の食品は血糖値を急上昇させたのち、再び下げ（クラッシュ！）、脳や身体にダメージを与える。この種の食品は脳の嗜癖《しへき》中枢（あるものを特別に好む性癖に関わる神経中枢）にも作用する。だから、高次加工された食べ物、精白パン、そのほかの高血糖の食品は避けるべきなのだ。自分の食事に不安を感じたら、各食品の血糖値上昇指数を調べてみるとよい。ネット上ですぐ見つかるはずだ。

複合糖質や低脂肪のタンパク質を一定間隔で一日に四〜六回バランスよく摂取すると、血糖値が程良いレベルに保たれ、一日中精力的に活動するのに必要なエネルギーが得られる。この分野で改善を要する方は、無糖で身体に良い軽い食品（ナッツ、果物など）を見つけて手元に置いておき、空腹を感じたらそれらを食べるとよい。

6. カラフルな野菜を豊富にとる

「レインボーダイエット（虹色の食事）」という言葉を聞いたことがあるだろうか。カラフルな自然食品を摂取するという食事法である。そのねらいは、私たちの脳や身体が必要とする、抗酸化物質などの微量栄養素や植物化合物を幅広く摂取することにある。料理をするとき、青色（ブルーベリー）、赤色（ザクロ、イチゴ、キイチゴ、チェリー、赤ピーマン、トマト）、黄色（カボチャ、黄ピーマン、モモ、バナナ）、オレンジ色（オレンジ、タンジェリン、サツマイモ）、緑色（ホウレンソウ、ブロッコリー、エンドウ）、紫色（プラム、ナス）といったように、色合いで食材を考えてみよう。

7. サプリメントを賢く利用する

栄養素は自然食品から得るのがベストであるとして、サプリメントを批判する、こじつけのような主張が世間でよく聞かれる。だがその一方で、魚油（オメガ3脂肪酸が豊富）やビタミンDなど、かなりよく研究され、脳に好影響を及ぼす可能性のあるサプリメントもある。サプリメントはまだ研究途上にあるため、自分でよく調べ、医者にも必ず相談したうえで服用するとよい。

つまり、脳に適量の自然食品を一日の中で定期的に送り込むと、ブドウ糖やそのほかの栄養素が脳や身体に安定的に供給され、思い切り活動できるということだ。コリン・キャンベル博士は名著『葬られた「第二のマクガバン報告」』（グスコー出版）の中で、次のように述べている。

人間の体は、自然の中のホールフードから最大限の恩恵を引き出すため、このきわめて複雑な「体内のネットワーク」を進化させてきた。したがって、見当違いをしている人たちが、一つの栄養素、すなわちある化学物質を特定し、その効力を大声で宣伝したとしても、それはまことに短絡的な考え方と言わざるを得ない。食べ物に含まれる化学物質がホウレンソウやトマトという一つの食べ物の中にとり込まれているとき、体は「その食べ物のどの部分を捨て、どの部分を必要に応じて利用し、食べ物に含まれる化学物質の恩恵をいかに受ければいいのか」という能力を身につけてきているのである。[16]

このような食生活を実現できれば、私たちは糖分の多い食品やそのほかの人工的な興奮剤に頼らなくても一日を乗り切ることができる。晴れやかで前向きな気持ちになって力がみなぎり、頭の回転も速くなるはずである。

良質の自然食品を中心とした食生活を心掛けたいものだ。不規則な食事は慎み、毎日一定の間隔（四〜六回）でとるようにしよう。また、一日を乗り切るためにカフェインや単糖、そのほかの興奮剤に頼るのは危険だ。脳に優しい食事にするための努力を、今のあなたにできることから始めてほしい。

第3のドライバー：睡眠

二〇〇九年五月三一日、ブラジルからフランスへと向かっていたエールフランス航空四四七便が大西洋に墜落、乗員乗客二二八人全員が死亡した。航空史上最大の事故の一つであった。事故原因は複数指摘されたが、パイロットやクルーたちの睡眠不足も可能性の一つとされた。[17]

アメリカ疾病管理予防センターは最近、睡眠不足を「公衆衛生上の流行病」と位置づけ、このような調査結果を公表した。

睡眠不足と自動車事故、労働災害、医療そのほかの職業上の過誤の関連性が指摘される中において、睡眠の公衆衛生上の重要性がますます認識されつつある……睡眠不足を抱える人は、高血圧、糖尿病、うつ病、肥満、さらにはがんなどの慢性疾患の罹患《りかん》率・死亡率が高く、生活の質や生産性が低下する傾向が認められる。[18]

睡眠不足が健康に及ぼす影響についてはさまざまな研究がなされているが、ここでは脳のパフォーマンスの観点から考えてみよう。リズ・ジョイ博士は次のように指摘する。

睡眠は再生を促進します。また、記憶が定着するのも睡眠中です。それで、私たちは毎日のいろいろな事柄を覚えていられるのです。たとえば、重要な会議が近づくと、眠っている間にその情報を処理します。だから、翌日実際にそれが役立つのです。これが睡眠の効果の一つです。睡眠は記憶力を改善してくれます。認識力も高めてくれます。思考能力を高めてくれるのです[19]。

ある研究によれば、一七～一九時間睡眠をとらずにいた人の反応時間をテストすると、普段の半分以下に低下し、飲酒により血中アルコール濃度が〇・〇五％に上昇した人と同等だという。さらに長時間睡眠をとらずにいると、血中アルコール濃度〇・一％の人と同じレベルにまで反応時間が下がる[20]。こと運動能力に関しては、睡眠不足で出勤するのは酒に酔った状態で出勤するのと変わらないということになる。

問題は、あなたが毎日をどのような気分で過ごしたいか、ということだ。頭の中に靄《もや》が立ち込め、自分のパフォーマンスがどの程度かもわからない状態で過ごしたいか、それとも、休息を十分にとって気力が充実し、ベストの状態で活動できていると感じたいか。後者を選ぶのであれば、次の問題は、「どうしたら睡眠の質を上げられるか？」ということになる。快眠を望むなら、次のことを試してみるとよい。

1．運動する

先ほど説明した「運動」とこの「睡眠」はともにエネルギー・ドライバーとして、密接な関係にある。運動は熟睡するのにきわめて有効だ。定期的に運動すると身体がしっかりとした回復を求めるため、より深い、リラックスした眠りへと自然に入っていく[21]。ただし、就寝直前の運動はかえって身体を目覚めさせるという説もあり、運動を行う時間帯には注意を払う必要がある。大事なのは、自分に適した方法を見つけることである。

2．ハイテク機器の電源を切る

寝る直前にテレビを観たり、メールをチェックしたりすると目に光が入るため、脳は昼間だと勘違いする可能性がある。「どんな光でも夜間に浴びると脳を混乱させる、と専門家は言うが、近年の研究では、スマートフォンやコンピューターの省エネ画面から大量に発せられる、きわめて強力な『ブルーライト』が注目されている……[22]」。ハーバード大学医学大学院で睡眠について研究しているスティーブン・ロックリー博士は、「ブルーライトは優先的に脳に警告を発し、メラトニンの分泌を抑制するとともに、体内時計を狂わせる」[23]。また、ハイテク機器がオンかオフかに関係なく一晩中自分の手近にあると、睡眠中もソーシャルメディアやメールの着信が気になるため、集中力が散漫になったりストレスを感じたりする。こうした機器はすべて別の部屋に置くなりして、仕事は終わり眠る時間であることを身体に意識させると効果的だと指摘する人もいる。

3．カフェインやアルコールに注意する

コーヒーを一杯飲むと、その刺激効果が脳に及ぶまでに一五分から三〇分ほどかかり、血中濃度は約一時間後にピークに達する。その後、その効果が半減するまでに、その人の年齢、体重、カフェイン耐性によって三～七時間を要する。それで、ベストセラー書『スリープ・ウォッチャー』（みすず書房）の著者、ウイリアム・C・デメントは次のように指摘する。「夕方六時ごろにコーヒーか紅茶を一、二杯飲んだら、一一時ごろ寝ようとしてもカフェインはまだ身体に残っていると考えないといけない[24]」。また、就寝前の飲酒も胃がもたれる食事同様、睡眠の深さに影響する可能性がある。あなたの精神や身体に具体的にどのような影響が及ぶ

かは、やはりいくつかの要素によって変わってくる。要は、適切な改善を行って夜間の休息の質が向上するように、パターンをいくつか試して様子を見てみることだ。

4. 睡眠環境を整える

室温、マットレスの硬さ、シーツの肌触り、騒音レベル、とりわけ部屋の中の光量といった要因がそれぞれ、睡眠の質に大きく影響する可能性がある。寝室をいろいろと工夫して、睡眠に適した空間となるようにしよう。誰かと一緒に寝ている方は話し合いが必要になるかもしれないが、誠意ある態度で臨めば互いに納得のいく妥協点が見つかるだろう。

5. テクノロジーによる測定に挑戦する

勇敢な人のために紹介すると、睡眠中の身体の状態を測定してくれる簡単なウェアラブル機器（ブレスレットや腕時計を思い浮かべればよい）がいくつか市販されている。自分の睡眠行動をのぞいてみたいという方は、こうした機器に投資するのもよいかもしれない。

結局、あなたの睡眠が実際に改善されれば、これらの対策は有効ということになる。『スリープ・ウォッチャー』で紹介されている診断ポイントを次に記載する。これを利用して、あなたの睡眠の質を評価してみるとよい。[25]

- 寝る前は、カフェインを含む飲み物を飲まないように気をつけているか？
- 夕食は通常、就寝の三時間前までに済ませるようにしているか？
- 就寝時刻を決め、特別な場合を除き、それを守っているか？
- 入浴や読書など、就寝前にやることを決め、眠気を催すまでリラックスして過ごすようにしているか？
- 寝室は夜の間ずっと静かか？
- 寝室は適温に保たれているか？
- 自分のベッド、特にマットレスと枕を、自分にとってこの世で一番快適な場所だと思うか？
- 寝具（毛布、キルト、掛け布団）は自分に適しているか？

質の高い睡眠をつくり出すこうした行動は、Q2のど真ん中に位置する活動といえる。意識的な選択を通じて予定を組み、実行する事柄だからである。

そして、Q2に分類される活動はどれもそうだが、こうした投資が莫大なリターンをもたらす。十分な休息により澄み切った頭と穏やかな心で最高のパフォーマンスを発揮できている、と感じつつ一日を過ごせたらどんなに素晴らしいだろうか。それこそがまさに、睡眠パターンを意識して選択したことの成果なのである。ウイリアム・デメントは述べている。「私たちは、睡眠というまだ解明されていない現象を、健康の三要素の中の対等なパートナーと考えるようにならねばならない。すなわち、適切な栄養、身体的フィットネス、そして十分で快適な睡眠というふうに[26]」

第4のドライバー：リラックス

卓越して生産的であるとは、一日中休みなく動き回ることであると考えがちだ。だが、これはとんでもない間違いである。優れたパフォーマンスを発揮する人は、激しい労働に従事した後、回復のための時間を意識的かつ定期的にとることの重要性を認識している。この「第4のドライバー：リラックス」では、回復のための方法や職場でのストレス対処法について説明する。こうしたスキルを身につけると、毎日をエネルギッシュに過ごすことができる。

回復重視の考え方

高い運動能力を競い合うスポーツの世界では、運動後の疲労回復の質が大いに注目されている。これまでは長年、オーバートレーニングの回避に重点が置かれてきた。アスリートたちが過度の、あるいはあまりに長時間のトレーニングや演技を行うことによって生じる現象だ。この状態に陥ると、アスリートは肉体的にエネルギーを失い、精神面で気力を失う。その結果が「燃え尽き」であり、職場でのオーバーワークや生活の中での過度のストレスと同じことになる。

そんなスポーツ界でこの数年間、考え方に変化が起きている。オーバートレーニングの問題よりも、回復不足の問題に着目するほうが効果的であるというものだ[27]。なぜこの変化が重要かといえば、それによって問題の解決法も変わるからだ（ただし、目的は実際のパフォーマンスを高く維持することであり、どちらの考え方でも変わりはない）。過度のトレーニングが問題という見方に立てば、単にトレーニングの負荷を下げることで解決しようとするかもしれない。ストレスがたまったと感じると、仕事のペースを少し落とそうとするのと同じだ。だが、問題が回復不足にあると考えれば、充電や仕事と生活のバランスの改善に資するような活動を生活の中に組み込んだ、そういうスケジュールを考えるだろう。「トレーニングの負荷を下げることは、オーバートレーニング防止の対策には必ずしもならない[28]」ある研究者はそう指摘している。

この考え方の優れた点は、トレーニング［または仕事］に対するのと同じくらい、回復に意識を向けることの重要性を認識していることだ[29]。ただ、これを実践するとなると、なかなか容易ではない。その理由は次のとおりだ。

……もっと強くなりたいとか、もっと速く走りたいとか、もっと健康になりたい、といった願望は、ある種の自制を働かせながら努力しないと実現しない、と我々は考えがちだ。治癒や回復、そして強化にとっては、自由にさせたり、休ませたり、手綱を緩めたりすることも同様に重要である、という考え方に慣れていないのだ[30]。

こうした習性ゆえに、「回復を重視することは、トレーニング以上の自制を必要とする場合がある[31]」本書の視点からいえば、私たちは自分を真に再生し、エネルギーを取り戻すのに有効なQ２の活動を特定することに、きわめて意識的に取り組まなければならない。そして、そうした活動を私たちの生活の中に組み込むことについては自らを律しなければならない ―― 罪や恥の意識を持つ必要はない――ということになる。

「第１の選択」の章で述べた「時間管理のマトリックス」を思い出していただきたい。多くの人は、Ｑ４の時間も少しは欲しいと後ろめたそうに言う。要するに、リラックスするための時間が欲しいということだが、そうした活動を生産的ではないと考えているため、実行するのをはばかられるのだ。だが、Ｑ２に分類される、リラックスや回復を目的とする活動は、生産性を向上させるうえで不可欠である。それは大きな石であり、私たちのパフォーマンスに与える影響の大きさは、特定のタスクやプロジェクトに直接取り組む活動に引けを取らないのだ。

科学者のグループが、外部との接触を完全に遮断した状態で数日間を過ごすという実験を行ったことがある。この実験に参加したジャーナリストのマット・リッチテル記者は、彼らの意図を次のように推測した。「格子の外に出たとき、彼らの、ひいては人間の脳や考え方にどのような変化が起きるか、試してみたかったのです」

北米でもっとも辺鄙《へんぴ》な場所の一つ、ユタ州南部のサンファン川を彼らはいかだに乗って下った。彼らは、絶対に破れないルールを一つ決めていた。携帯電話とインターネットを一切使用しない、というものだった。「どうして私は、『絶対に破れないルール』という言い方をしたと思いますか？　実は、携帯の電波は届かないし、インターネットもつながらない場所だったのです。いかだを出した直後、科学者の一人が、『ここは文明の果てだ』と言いました。携帯電話がもはや何の役にも立ちませんでしたから」

三日間の最後に、科学者たちは自分に何か変化が起きつつあるように感じていた。彼らはそれを「三日間の効果」と名づけた。「よりリラックスした気分になるんです。よく眠れるようになるでしょう……何か聞かれたときも、少し間をおいてから答えるようになるでしょう。多分、何をするにしても慌てなくなると思いますよ。切迫感がなくなります」

実験を終えた科学者たちの結論は、脳の健康にとって休息の時間が不可欠であるということだった。[32]

回復のための方策は十人十色であり、仕事の量を減らしたり、場合によってはかなり長い休みをとったりするのがもっとも良い場合もある。その一方で、一五分ほど休憩して気分を変えるといった簡単な方法もある。職場にジムや静かなスペースを設けているところは結構あり、そういう場所を利用すれば落ち着いた気分になれるだろう。我々の知人の一人は、小人数のチームを率いており、オフィスのスペースはさほど広くないが、一つの部屋を静かな場所として指定している。部下たちは気ままにそこを訪れ、脳を休ませ、充電してからまた仕事に戻っていくという。ニューヨーク・タイムズ紙の記事を紹介しよう。「頭脳労働者が定期的に休息をとると生産性や創造性が高まり、逆に休息を省くとストレスや疲労が増す可能性があることは、ますます多くの証拠で裏づけられている[33]」

回復のための活動が生活の中に絶えず組み込まれているような、バランスのとれた時間の使い方をすれば、仕事と休息を両立させた持続可能な生活スタイルを確立することができる。そうすれば、エネルギッシュで意欲的な生き方が長期にわたって維持されるのである。あなたの再生に役立つかもしれない方策をいくつか紹介しよう。自分に適したものを見つけてほしい。

1. 重要な仕事を終えた後は静かに休憩をとる。
2. 趣味を積極的に追求する。
3. 意欲が湧くような映画や好きなテレビ番組を観る。
4. 興味を感じるウェブサイトを二つ三つ閲覧する。
5. 友人とおしゃべりする。
6. 散歩する。

7. 音楽を聴く。
8. マッサージを受ける。
9. 仮眠をとる。
10. 運動する。
11. 友人と外出する。
12. 山にハイキングに行く。
13. 瞑想《めいそう》する。
14. ボランティア活動に参加する。
15. ゲームをする。
16. ヨガをする。
17. 友人に電話を掛ける。
18. 家族と時間を過ごす。
19. 精神鍛錬や礼拝に行く。
20. 存分に笑う。
21. ガーデニングを楽しむ。

22. 職場でプロジェクトを交換する。
23. 良書を読む。
24. 何度か深呼吸をする。

要するに、こうした活動はあなたが行うほかの活動に劣らず重要であり、まさにQ2の中心に位置するものである。だが、Q2に分類される以上、自然と生じる可能性は低い。ということは、回復のための方策を自分なりに意識して選択し、実行する必要があるということだ。五つのエネルギー・ドライバーのそれぞれについても同じことがいえる。

窮地の中で冷静さを保つには

「リラックス」についてもう一つ、休息中ではなく活動中のストレス対処法も必要になる。

『ゼロ・グラビティ』という映画を観たことがあるだろうか。アカデミー賞七部門に輝いた作品だ。サンドラ・ブロックとジョージ・クルーニー演じる二人の宇宙飛行士が宇宙空間に放り出され、彼らが乗っていたスペースシャトルも宇宙ゴミと衝突して大破する。二人が突然降りかかった苦境から脱出しようとする様子が描かれているが、その対応ぶりはきわめて対照的だ。

　クルーを指揮するマット・コワルスキー（ジョージ・クルーニー）が宇宙飛行士としてベテランであることは、物語の展開とともに明らかになる。残骸がシャトルに衝突したとき、コワルスキーは冷静沈着に集中力を発揮して危機的状況に対処し、自分自身も完全にコントロールしている。そして、ライアン・ストーン博士（サンドラ・ブロック）を必死に落ち着かせようとする。博士にとっては初めてのスペースミッションだった。彼女は事故発生前から緊張ぎみで、衝突時、彼女の身体はストレス反応を目いっぱい示した。過呼吸や過重な精神的負担により、必要な会話や動作も行えなくなってしまった。そのうちに何とか自分の身体をコントロールできるようになると、ようやくこの非常事態に積極的に対応し始める。彼女はこの経験を通じて自分自身の勇気と精神的な強さに気づき、無事地球に帰還するために懸命の努力を重ねる。

　これほど劇的な危機は私たちにはまず無縁だが、困難な状況における対応の仕方が人によってこれほど異なるという事実は実に興味深い。緊張を強いられる状況に陥った人が、冷静沈着に適切な判断を下し、自信を持ってそれを実行に移す姿は、いつ見ても感動的である。こうした冷静な状態に自然になれる人もいれば、そうでない人もいるが、幸いこのスキルは訓練によって身につけることができる。このスキルに上達すればするほど、緊迫した状況下で事態を明確にとらえ、優れた判断をすることができる。そうすると、ストレスへの対処にエネルギーを浪費することなく、肝心な部分に集中できるのだ。

ストーン博士を無力にしたストレス反応はどこで生じたとお思いだろうか。そう、脳の反応部位である。私たちは緊張を強いられる状況に直面すると、瞬時に化学物質が大量に放出され、身体を行動に備えさせる。これは三種類の結果を生じさせる可能性がある。闘争（闘おうとする反応）、逃走（走って逃げようとする反応）、そして場合によっては凍結（何もできなくなってしまう反応）である。コルチゾールとアドレナリンというストレスホルモンが、これら三つの結果すべての引き金となる。

短期的な脅威に対処するために身体を準備する必要があるとき、肉体のストレス反応が非常に役立つことがある。問題は、この生物学的現象が私たちの脳の思考部位の機能を低下させることだ。その結果、ストレスを受けると、明確な思考や適切な意思決定ができなくなる。さらに、ストレスが長く続く状態での生活は、免疫系異常、心疾患、さらには不安やうつなど、ありとあらゆる影響を肉体や精神に及ぼす。

一九七五年、ハーバート・ベンソン博士は先駆的著書『ベンソン博士のリラックス反応』（講談社）において、脳を訓練すれば、ストレス反応を排除して彼の言う「リラックス反応」と置き換えることは可能だと主張した。[34] 彼のこの主張は、その後の数十年間において数々の科学的研究でもって裏づけられた。その仕組みは広く知られているところであり、私たちはそれを実行する方法を身につけさえすればよいのだ。また、ジャーナリストであるダン・ハリスは近著『10% Happier』で、次のように述べている。「脳は経験が蓄積される器官であり、人の一生を左右するが、トレーニングすることは可能である。幸福は一つのスキルといえる[35]」

リラックス反応を開発する手法はいくつか存在する。だが、そのいずれもが最終的に、脳や身体の定型的行動を見つけることに行き着く。そのねらいは、冷静になって別の考え方をする、つまりは脳の反応部位を鎮静させて思考部位へと戻れるようにすることにある。こうした定型的行動を練習することにより、脳がこれらの手法に熟達し、ストレスに対する反応の仕方を変えることができるというわけだ。あなたが練習を行う意志があり、なおかつ効果が認められるのであれば、どの手法を用いてもかまわない。効果が広く確認されている手法のいくつかを紹介しよう。

●**ストレスを遠ざける**

ストレスの原因となる状況や人を思い浮かべ、そのイメージを頭の中で遠くに移動させて小さくする。脳は大きくて挑戦的なものを脅威ととらえて反応するため、イメージをできるだけ小さくすれば、脳はさほど緊張しないようになる。また、その人が小さな大人しい声で話している姿を想像するとよい。恐怖心が和らぐどころか、少し滑稽に思えてくるかもしれない。

●**好意的な見方をする**

何かを脅威または邪魔なストレス原因とみなすと、脳はそれに従って反応する。それをぜひとも挑みたい前向きな挑戦と考えれば、脳はより有益な反応を示すはずだ[36]。また、困難な課題も重要なＱ２目標を達成するうえで不可欠なステップとみなせば、意欲が湧いてくるだろう。

●**深呼吸をする**

深く息を吸ったまま一〇まで数えると気持ちが落ち着くのみならず、脳内の化学成分にも変化が生じる。脳内の酸素量が増え、反応部位の働きが弱まって後退し、思考部位がそれに取って代わるのだ。

●瞑想《めいそう》する

定期的に瞑想《めいそう》を行うことのストレス軽減効果は、数多くの研究によって実証されている。瞑想《めいそう》はリラックスした状態に近づけてくれるだけではない。一日中穏やかな気持ちを維持し、ストレスを受けてもイライラしないように正常な状態へとリセットしてくれる効果もある。脳の思考回路が最高の状態になるわけで、僧侶の格好をして悟りの境地に達しなくてもストレスを克服できる。脳内の別のボタンを押して化学成分を変え、生活のストレスに対処しやすい環境をつくり出すのに有効なテクニックである。

あなたは効果的なリラックス法があるだろうか。もしあるなら、それを続ければよい。ないならば、先ほど紹介した手法の中から効果がありそうなものを選んで試してみてほしい。もちろん、魅力を感じるものがほかにあれば、それでもかまわない。脳の反応部位を停止させ、思考部位に意識的にアクセスする能力を磨くことは、適切な意思決定を行って卓越した生産性を実現するのに欠かせないものである。

否定的な思考を追い出す

最後にもう一つ、ダニエル・G・エーメン博士が考案した手法を紹介しよう。博士は次のように説明する。

脳のエネルギーを奪う最大の原因はおそらくストレスであり、そのストレスを生じさせる一番の原因は、私の経験では否定的な考え方です。私はそうした考え方を「ANT（automatic negative thoughts、自動的ネガティブ思考）」と名づけています。頭にいつの間にか浮かび、その日一日を台無しにしてしまいます。それで、悲しかったり、腹が立ったり、神経質になったり、自分を抑え切れなくなったりしたときは必ず、この自動的ネガティブ思考を紙に書き出すようにするのです。書き出したら、それが本当かと自分に問いかけます。書き出すことで、頭から追い出すことができるのです。このときは、脳の前側にある思考部位が働きます。[37]

このように書き出すというのは実に強力なテクニックであり、やはりそこには、反応部位をオフにして思考部位を働かせる、というパターンが見て取れる。たいていの事柄は脳の反応部位で悪いと判断されても、実際はそれほど悪くはないのだ。そして、仮に悪いとしても、対処しやすくなっているはずである。

Q2プランニングがストレス解消の近道

要するに、日々の生活からストレスを排除したければ、「第3の選択：小さな石に飛びつかず、大きな石をスケジュールする」というQ2プランニングに上達するのが最大の近道なのだ。マスター・タスクリストに重要事項を記録し、Q2タイムゾーンを使用して優先事項を整理・体系化し、もっとも深い願望と動機に基づいてデイリー／ウィークリーQ2プランニングを実践することによって心の平静と規律が生まれ、その結果として、自ら抱え込んだ、一日中消えないストレスも、その大部分が取り除かれるのだ。これらの手法は、すべて整理され、優先事項がきちんと処理されているという自信をつくり出してくれる。そうすると、日々の生活の中で受けるプレッシャーを、その自信でもって振り払うことができるのである。

第５のドライバー：社交

人間関係が脳のエネルギー増進にどう役立つのか、疑問に思う人もいるかもしれないが、実際のところ、この両者は無関係ではない。また、脳は身体の動作をつかさどるだけでなく、元々社交の器官でもあるのだ。私たちが他者と交流し、私たちの生存や幸福に資する強い共同体的関係を形成するのに役立っているのである。こうした働きをする物質の一つがオキシトシンというホルモンで、脳内において神経調節機能を担っている。オキシトシンは、他者との信頼、心の触れ合い、親密さといった感情を増進するとともに、不安やストレスを緩和させる。快感を生じさせる必須のホルモンとして健全な人間関係の中で多く分泌され、周囲の人間との円滑な関係を促す働きもある[38]。

私たちは日々の生活において、親密で互いに育み合うような人間関係を維持できると、それがエネルギーと幸福感を生み出す貴重な源になる。次は、ハーバード大学医学大学院による出版物からの引用を紹介しよう。

家族や友人、共同体と満足のいく関係を続けている人は幸福感が強く、病気になりにくくて長寿であることは、数十もの調査から明らかである。逆に、社会的なつながりが比較的に希薄な人は、うつや老年期における認知力低下、さらには死亡率の増加といった問題を抱えやすい。ある研究は、三〇万九〇〇〇人余から得たデータをもとに、緊密な人間関係の欠如は各種原因による早死のリスクを五〇％増加させると結論づけた。この死亡リスクの上昇は、一日最大一五本喫煙した場合のリスクにほぼ匹敵する。[39]

また、健全な人間関係には肉体に対する治癒効果があることを示す研究結果もある。対照的に社交上の苦痛は、脳によって肉体的苦痛（足の骨折など）と同様に解釈される。[40]この治癒効果は、ネット上の関係よりも一対一での実際の交流において認められる。インターネットの利用と、それが人間関係に及ぼす影響を調べたある調査では、仮想空間における人間関係は現実世界の接触から得られる類いの精神的支えや幸福感をもたらさないことが確認された。この調査報告書を執筆したロバート・クラウト教授は、その理由を次のように記している。「希薄な人間関係しか築かれず、他者とのつながりという意識が全体として弱いケースがより多く見られる[41]」

最後に、次のように指摘する研究者もいる。「個々の神経細胞や単一の人間の脳は事実上存在しないという主張を理解するには、科学者たちはもっと広い視点に立って考える必要がある。互いに刺激し合うような交流がなければ、人も神経細胞もしおれて死んでしまうのだ[42]」。こうした関係を築くには時間と決意が必要であり、それに優先的に取り組んではじめて、他者との真の人間関係がもたらしてくれる健康、元気、強さ、エネルギーを享受できる。だが、私たちは日々の忙しさにかまけて、こうした事柄をつい後回しにしがちである。

リサは四〇代になって、重大な人生の転機を迎えた。彼女は困難な長期プロジェクトに打ち込んできたが、重い病を患い、数ヵ月にも及ぶ休職を余儀なくされたのだった。自分では健康に十分注意しているつもりだった。食生活や運動に気を配りつつ、仕事にも励んできたが、こうして病気になったのを機に、自分の生活のほかの面についてもじっくり考えさせられた。しかし、彼女が考えた策は、確かに自分の生活パターンを改善する効果はあっても、やすやすと実行できそうにはなかった。

彼女は気づいた。仕事を抱えているために、見せかけの理由をでっち上げて、自分のもっと深い欲求に目をつぶっていたのだ、と。彼女がずっと受けてきた称賛が彼女を走らせ続けてきたのだった。だが、家で一人座っていると、自分の心の奥底にぽっかり穴が開いているような気持ちになった。しかも、それはずっと以前からそこにあったように感じられた。

「私は燃料じゃなく蒸気で走っていたようなものね。だから、身体の奥底から湧き上がるような強さができてなかったんだわ。今さら言っても遅いけど」彼女はそう後悔した。出張続きのキャリアなど、三〇代の初めのころの自分の生き方を振り返ってみた。友人は何人かいたが、誰とも親密な関係ではなかった。これから先の人生に思いを巡らせながら、自分自身に問いかけた。「この一〇年間をもう一度繰り返していいの？」と。

彼女はまた、分や時間ではなく、タスクやプロジェクトで定義される不自然なスケジュールを強いられていたことにも気づいた。「休まざるを得なくなったおかげで、分や時間を肌身で感じられるようになったんだわ。仕事モードのときも日や週は過ぎ去っていくけど、自分には時間という意識がまったくないのよ。季節は移り変わっているのに、自然界のリズムを感じていないんだわ。自分はこれまでどこにいたの？　何でこうしたものに目を向けなかったのかしら？」彼女は心の中でそうつぶやいた。

リサはこうした反省をもとに、もっと奥深い人間関係を築き、自然の基本的リズムを肌で意識的に感じる努力をし始めた。彼女は心の中でつぶやいた。

「良い仕事をすることは大事だけど、人との意義深い関係ほど、心を満たしてはくれないのよ。人を愛し、人から愛されることは、心を豊かにする意義深いこと。そうした欲求は常に持っていたつもりだけど、それが覆い隠されてしまい、それに気づいていなかったんだわ。そうした心の奥底の井戸が満たされれば、もっと全体を見る目と強さが身につくんじゃないかしら。仕事や人生について、もっと賢い意思決定ができるはずだわ。それが本当に人間らしい生き方ってものよね」

このリサという女性の経験は、五つのエネルギー・ドライバーすべてのバランスが重要であることを示している。そのうちのいくつかが順調でも、ほかの面を無視していると、力になってくれる人もいないし、心の奥のエネルギーの井戸が干上がってしまうのだ。人は全人格的な存在であって、いずれかの側面を軽視したり無視したりしていると、結局はそのツケがいつか回って来るものなのだ。とはいえ、こうした交流を持つには、今日の世界ではＱ２の事柄として意識的に取り組む必要がある。エドワード・Ｍ・ハロウェル博士は次のように指摘する。

現代の生活では、「人間の瞬間」というものが失われつつあります。電子的な瞬間に取って代わられつつあるのです。人間の瞬間には二つの要素が必要です。一つは肉体としての存在であり、もう一つは意識の集中です。ですから、ただ一緒にいるというだけでは人間の瞬間にはなりえません。飛行機に乗って誰かと隣り合わせに座ったとしても、経験することはできないのです。意識の集中がそこになければならないのです。そのためには、ノートパソコンから目を離し、携帯電話の電源を切ることです。あれこれやりながらでは、生産的な人間の瞬間をつくり出すことはできません。そうしたものはすべて脇によけ、相手の人と目と目を合わせ、つながりを感じられるようにするのです。気持ちを楽にして相手の言葉に耳を傾けます。慌ててはいけません……人々はこのような交流に飢えています。なぜなら、そうした機会が非常にまれだからです。そして、ほかのことをすべてやめ、相手と真剣につながりを感じ合おうという気持ちを持てば、砂漠をさ迷い歩いていた人がオアシスを発見したときのように、「おお、ついに見つけたぞ！」となるはずです。[43]

あなた自身の人間関係とその質について考えてみてほしい。どの人との関係も十分に親密といえるだろうか。生活の中で重要な関係を無視していないだろうか。親密な人間関係を築き上げるために、あなたができるＱ２活動が何かあるだろうか。

エネルギー不足を解消する

五つのエネルギー・ドライバーは、一つひとつがそれ自体強力である。それらの一つに努力を傾けるだけでも、短期間で目に見える効果が得られるはずだ。ただ、真の威力が発揮されるのは、五つのドライバーすべてが充実している生活パターンを確立できたときである。運動、食事、睡眠、リラックス、社交からなる健全なパターンを確立できたとき、あなた自身が全人格的な存在としてよりたくましくなれるのだ。その段階に至ると、五つのドライバーが複合的に機能して、あなたの心身を活性化させる。その結果、より適切な意思決定をしたり、意識やエネルギーを集中させたり、毎日の終わりに達成感を味わったりすることが可能になるのである。

自分自身への投資としてQ２活動に取り組むと、あなたが目指す目的や目標の実現に向けてできることが増えるはずだ。そうすると、自分に自信が持てるようになり、あなたの脳はいっそう澄み渡り、起こりうる素晴らしい事柄を受け入れる余裕が増すだろう。「第５の選択：燃え尽きることなく、燃え上がる」に熟達することは、ほかのすべての選択を実行する能力の基礎となり、ほかのあらゆる行動を起こすためのエネルギーをあなたに与えてくれるはずである。

楽な気持ちで始めよう

「燃え尽きることなく、燃え上がる」という「第5の選択」の原則および手法を導入するための簡単な方法を紹介する。あなたにもっとも適したものを選んで実行してみてほしい。

- 職場での運動機会を増やし、今週少なくとも一日一度は意識的にそれを実行する方法を一つ選ぶ。実行できたらカレンダーに印をつけ、脳に意識させる。
- 身体に良い軽い食べ物（ナッツ、果物など）をデスクの引き出しに入れておき、仕事中にときどきつまめるようにする。
- 普段よりも一五分早めに床に就く。
- 今週、リラックスできるような楽しい予定を組む。
- 重要な人間関係をさらに強化するための時間を少し増やす。

この章のまとめ

- 知識労働が中心となる今日、脳があなたの第一の資産である。
- 一日中意識し、意図的であり続けるためには多くのエネルギーを必要とする。
- エネルギーを生み出す源は二つ、意欲を引き出す明確な目的と健康な肉体である。
- エネルギーを促進するドライバーには、運動、食事、睡眠、リラックス、社交の五つがある。
- これら五つのエネルギー・ドライバーに定期的に投資を行うと、あなたの心の炎を燃え上がらせ、燃え尽きることを防ぐ生活パターンを確立できる。

まとめ
あなたも卓越した人生を生きられる

毎日をどのように過ごすかということは、言うまでもなく人生をどのように生きるかということである。

——アニー・ディラード

キヴァのベッドの横に置いてあったアラームが鳴り出すと、彼女は本能的に電話に手を伸ばそうとした（これはもう身体に染みついた習慣だった）。だが、このとき、彼女の手がサイドテーブル上で触れたものは、新しいシューズとヨガの用具だった。「あっ、そうだ。今日は一日目だったわ！」彼女はそう思った。

彼女は昨晩、電話をわざと別の部屋に置いて寝たのだった。その代わりに、今朝運動をする予定を忘れないようにと、ヨガの用具一式をサイドテーブルに置いておいたのだ。オフィスでのケリーとの約束を破るわけにはいかなかった。用具をつかむと、新しいプログラムを始めるためテレビのある場所へと向かった。始めるまでに数分を要したものの、三〇分間ストレッチなど身体を動かすと力がみなぎってきて、今日も一日頑張ろうという気になった。

彼女は笑顔を浮かべながら冷蔵庫のところへ行き、ヨーグルトなどの健康食品を取り出した。そして、これから始まろうとしている一日を座って頭に思い浮かべた。この日に予定していた重要な仕事が二つ三つあるため、そのための時間が確保されているか確認したいと思った。カレンダーとタスクをチェックしている最中に、今度のプロジェクト・レビューで使用する資料をいくつか追加できないかしら、とふと思った。今日から準備にかかれば、その会議に間に合うだろう、と。それで、急いでスケジュールを変更し、その作業のために一時間空けることにした。それでもこの日の最優先事項のための時間は十分あると安心し、一日の準備を終えた。

電車が来るのを待つ間、彼女はヨガをちゃんとやった旨をケリーにショートメッセージで伝えた。「私もやったわよ！」ケリーから返信が届いた。ケリーがヨガにはまっているとは意外だった。この新しい日課を取り入れるにあたり、彼女が助けてくれたことにキヴァは感謝した。

キヴァは市街地へと向かう電車の中の時間を利用して、プロジェクトの進捗《しんちょく》報告書の一部に目を通すとともに、「重要」マークが自動的につけられたメールをチェックした。その後最後の一〇分間はノートパソコンを閉じ、窓の外の景色を眺めた。数分前に太陽が木々の上に顔を出していて、気持ちの良い一日になりそうな感じだった。「この分なら、今度の週末は外で何かできそうだわ」。彼女は、近くに住む兄弟に電話をして予定を尋ねる用件をスケジュールに追加した。

オフィスに入って行くとき、彼女の穏やかな表情がにわかに曇った。その原因は、カールだった。「えっー、信じられない！ 本当にどこにでも顔を出す男よね。わかったわよ、カール。聞こうじゃないの」彼女は心の中でつぶやいた。カールの話に耳を傾けているうちに、彼女は気づいた。彼が自分に求めている情報のほとんどは、その気さえあればシステム上で見られるものではないか。「カール、教えてあげることもできるけど、その情報は自分で見つけられるわよ。経理に行きましょう。シャリースに頼んであげるわよ。このデータをシステムから引っ張り出す方法を教えあげてってね。それが彼女の仕事だから、喜んで教えてくれるわよ」彼女は言った。カールをシャリースのところに連れて行き、カールが必要としているものを彼女に説明した後、キヴァは自分のデスクに戻った。

この日一日、彼女はスケジュールのかなりの部分を予定どおりこなすことができた。重要な会議の予定が一つ飛び込んできたが、スケジュール変更で対応した。会議がもう一つ入ってきたが、冷静に考えた結果、自分が出なければならないほど重要なものではないと判断して断った。朝ふと浮かんだ、プロジェクト・レビューのための資料集めの仕事にもいくらか時間を割くことができた。レビューの成り行きを予想してみた結果、重要な質問がいくつか予測されたため、答える準備をしておく必要があったのだ。また、出席してもらわなければならない人たちがほかにも何人かいたため、彼女は彼らのスケジュールをチェックしたうえで、自分のチームから出席する予定のジョンとリヴヤとの打ち合わせを翌日に設定した。招集メールにこの打ち合わせの目的をタイプし、すでに集まっていた資料を添付した。事前に目を通しておいてもらうためだった。この日の最後に、彼女はしばらく時間をとって自分がやり終えたことを確認し、重要な情報をメモに記録し、タスクをいくつか移し、カレンダー上で一日を締めくくった。

彼女はオフィスを出るとき、思っていた以上に心が軽いように感じられた。Ｑ１の用件がいくつか発生したものの、予定していた重要な仕事は無事完了し、そのほかの事柄についてもきちっと整理ができたと思ったからだった。大幅な予定変更はせず、いくつか細かな調整でもって、はるかに生産的で充実した日を送ることができたと満足し、思わず顔をほころばせた。そして、兄弟に電話しようかと思った。「しばらくぶりだわ。一緒にゆっくり過ごせたら、きっと楽しいわ。どうしているかしら？」

卓越した生産性は何にも増して、その瞬間をどれだけ意識して過ごすかという問題である。そして、自分のこれまでの考え方を変えるのは、そう大変なことではない。毎日一歩一歩努力して、そうした習慣を生活の中に定着させればよい。周囲の環境、一緒に仕事をする仲間、自分の時間や集中力やエネルギーを費やす対象を選択する有意義な意思決定機会を意識することだ。このような意識をもって毎日を過ごすと、はるかに有益で充実した日になるはずだ。自分が重要な事柄に関与し、それを立派に成し遂げたという自覚が得られるからだ。毎日の終わりに達成感を味わうことができるのだ。そして、そのうちに、一連の卓越した日々が卓越した人生を自分にもたらしてくれていることに気づいて、私たちは驚くことになるのかもしれない。

第四部
Q2リーダーになる

リーダーとしてできること

リーダーとはポジションではない。選択なのだ。

――スティーブン・R・コヴィー

組織内のリーダーの行動は、その組織の文化に強く影響する傾向がある。リーダーというのはそもそも、文化や部下の行動に飛び抜けて大きな影響を及ぼすものだ。だが、リーダーは単なる役職に限ったものではない。実際、世界最強との評価を受けるリーダーの中には、権限のある正式なポジションに就いていない人もいる。マザー・テレサやガンジーを思い出してほしい。彼らの偉業を考えると、リーダーとは役職やポジションではなく、選択肢の一つといえるだろう。

リーダーとは、ほかの人々を巻き込んで変革を起こそうとする人というのが大方のイメージだろう。チームや組織のリーダー、あるいは家族や地域社会のリーダーなどが考えられる。状況の改善を志している人や、必要な改善策を講じようとする人は誰であれ、皆リーダーといえる。

この章で提案することは、職場にQ2カルチャーを創造するには、あなたが「5つの選択」のそれぞれにおいてどのようにリーダーシップを発揮すればよいかということだ。より生産的な結果を生み出すために、個々の選択の原則をさまざまな状況に応用するにはどうすべきか、その方法を示そうというわけだ。ここでの提案の多くは、正式な権限を持つリーダーを対象にしているが、そのほかの方々にとっても、そのポジションのいかんにかかわらず指針にしていただけると思う。いずれにせよ、「5つの選択」の行動の模範を他者に意識して示そう、というあなたの強いコミットメントが出発点になる。

あなたが幹部クラスのリーダーで、Q2カルチャーを正式な方針のもとで組織全体に創造しようと思うなら、付録A「電子メール利用指針――主要な二五項目」を参照していただきたい。この章は、それぞれの立場でリードし、効果を上げたいと思うすべての人を対象にしている。これから述べるアイデアを吟味し、応用可能なものを見つけ出し、一度に一つずつ実行する決意を固めてほしい。

第1の選択：重要軸で行動し、緊急軸に流されない

●Q2カルチャーの実現を目指すあなたの決意を全員に伝える

何を達成したいのか、そして、その目的意識が毎日の最後の達成感を強めるのにどう役立つかを明確に示そう。決意を公にするということは、「これは重要なことであり、私はその実現に責任を負う」と宣言するに等しいのだ。

●「時間管理のマトリックス」を理解させ、それを業績とリンクさせる

チームのミーティングなどで時間をとり、「時間管理のマトリックス」の考え方とQ２の活動に励むことの投資対効果を部下に説明しよう。そして、「時間管理のマトリックス」を図示したポスターを作成し、部下の目につくところに張り出すとよい。優先事項は何か、Q２の活動がなぜ重要かを彼らにわかってもらうため、チームや組織全体の目標をQ２に書き込むようにしよう。

仕事上の関連性を明確にすると、全員がそれぞれの時間や集中力やエネルギーをどこに費やすべきか、より適切な判断を下せるようになる。また、何が問題なのかを理解し、集中をそらしたり浪費したりすることの危険性を知ることができる。Q１の活動は確かに重要だが、

Q2目標の実現に向けて質の高い仕事をする彼ら全員の能力を低下させる恐れがあることにも気づくだろう。そのほかの領域についても、彼らに注意を促す意味で、あなたのチームや組織でありがちな集中力を散漫にする原因や危機の具体例を含めるとよい。

●多くの人とQ2について話し合う

Q2に分類される活動とはどのようなものかを説明する機会をつくるようにしよう。相手は上司であることもあるだろうが、リーダーたるあなたは、部下たちがそれぞれの役割で何が重要かを意識し、それに意図的に取り組めるようにサポートできるはずだ。あなたが正式なリーダーでなければ、プロジェクトを開始するときや仕事上の関係を築くとき、あるいは彼らとおしゃべりするときなどを利用して、同僚としてこれを行ったり、この考え方を勧めたりするとよい。

正式なリーダーであれば、これをリーダーシップコーチングや勤務評定の一環とすることができる。組織の重要目標および測定尺度について意見を述べ合い、どうしたら部下たちがQ2の重要目標や測定尺度にもっと意識を向けられるか話し合おう。それらへの意識が足りない原因はどこにあると思うか、彼らに問いかけることだ。心を開いて、率直に話そう。重要な活動に十分時間をかけているか。そこにもっと焦点を合わせるにはどうしたらよいか。何か排除できるものはないか。意識的で健全で生産的なQ2カルチャーを醸成しようと思ったら、Q3やQ4の事柄はできるだけ思い切って排除しなければならない。

●普段の会話でも重要性を意味する言葉を多用する

リーダーとしてのあなたの発言は影響力が大きい。Q1／Q2／Q3／Q4、脳の思考部位／反応部位、選択の瞬間、一時停止―明確化―判断（PCD）、判断力／集中力／エネルギーの管理といった言葉をできるだけ用いるようにするとよい。重要な事柄か、それとも単に緊急なだけなのか、部下たちに考えさせよう。ただ忙しいかどうかだけでなく、結果についても問いかけるべきだ。忙しさを意味する言葉ではなく、重要性を意味する言葉を意識的に使用し、重要な事柄を成し遂げるのが自分の目指す文化であると強調しよう。

●他者による戦略的「一時停止」を受け入れる

部下たちが、自分の時間や集中力やエネルギーをどこに費やしているか、適切な判断を下せるように、安心して一時停止できるような環境をつくるべきだ。「我々はなぜこれをしているのか？」「これは望む成果を実現するのにどう役立つか？」「これは今やらなければならないことか？」「これは優先事項から目をそらす原因にならないか？」「そもそも我々はこれをすべきなのか？」といった「明確化」のための問いかけをしよう。とはいえ、あらゆる事柄に一度に疑問を持つのは難しいし、無謀なやり方をしてまで行うのはよくない。部下たちが自らの判断力を発揮して、賢明に行動することが重要になる。また、正直な話、上司の意向に逆らえない事柄もあるだろう。だが、目標を定め、文化が徐々に変化していくうちに、部下たちの活動の中で、有意義な結果へと至るものが増えていくはずだ。

●戦略的「一時停止」を自ら率先する

「一時停止」によって適切な判断が下されるような文化を醸成するため、あなた自らが部下たちに模範を示すとよい。そして、あなた自身の取り組みでも「一時停止」を実践しているのであれば、なおのことよい。こうした問いかけに対する回答はときとして耳が痛い場合もあるが、部下たちが自分の仕事に対してこうした問いかけを行う能力を備えていれば、彼らとしても真に有意義な事柄にもっと深く関与する機会が得られるだろう。あなたが原則や手順に従って行動する姿を部下たちに見せれば、彼らも同じように振る舞おうとするはずだ。

●ほかのリーダーたちによるQ2の定義を手助けする

あなたがリーダーたちの中で指導的な地位にあるなら、ほかのリーダーたちも「5つの選択」を実践してQ2にフォーカスできるようにサポートしてあげよう。彼ら自身のみならず、彼らの部下たちにも大きな効果をもたらすはずだ。Q2役割ステートメントに書き込む主な要素について説明してあげよう。彼らはそれぞれどこに意識を向けているだろうか。彼らの主要なQ2目標は何か。「時間管理のマトリックス」を用いて彼らの活動を検討し、本当に重要なものはどれか、明確に理解させてあげよう。重要でないタスクは排除するか、誰かに任せるなどして、最高の貢献を追求するように促そう。

このことは、特に新人リーダーにとって重要な意味を持つ場合がある。新人リーダーは、一部下としての働き方がまだ身体に染みついていて、仕事の割り振りやエンパワーメントといったリーダーとしての役割を果たせていないのだ。リーダーという新たな役割で成功するためには、それまでとは違うことに意識を向ける必要がある。リーダーになる前のQ2活動と、リーダーとしてのそれは異なるのだ。役割の変化により、Q2に分類される事柄、そして彼らが意識を集中すべき事柄が変わっているのである。このことは役割が変わる人すべてに当てはまる。新たな役割では何が重要なのか考え直し、それらが完了するようにスケジュールを組むことが重要なのである。

●部下をQ1に引きずり込まない

こちら側の準備不足によって、部下たちにとてつもない迷惑をかける場合がある。我々はこうした現象を、組織の「クリック・スピン」理論と呼んでいる。たくさんの歯車がかみ合っている装置を思い浮かべてほしい。大きな主導歯車（組織のリーダー、つまりあなた）が回転しカチッという音を立てると（何らかの意思決定、情報請求など）、その周囲に連なる別の歯車（あなたの部下たち）が即座にその動きに合わせて回り始める。あなたが正式なリーダーであれば主導歯車を回転させて別の歯車を動かすのは当然のことだ。他者に仕事をさせる決定を下すことが、あなたの仕事だからだ。だが、事前の準備や計画をしてなかったがために、あなたがQ1の用件に従事しているとしたら、部下たちを不要な危機に陥らせることになる。

「とばっちりはごめん」という言葉を聞いたことがあるだろう。この考え方はリーダーと部下との関係にも当てはまる。あなたは権限のある立場にあるため、周りの人たちはあなたに対する批判を躊躇《ちゅうちょ》するだろう。だとすれば、己をわきまえることがリーダーたるあなたにとって不可欠だ。自分が行うべき準備をし、自らの権限によって周囲に迷惑をかけないことが、組織に貢献するための最低限の条件といえるだろう。

●部下をQ3に追いやらない

前述の「クリック・スピン」にはもう一つ、部下一人または全員をいともたやすくQ3の領域（集中をそらす事柄）に送り込んでしまう恐れもある。リーダーがある情報について思わず何らかの問題点を指摘し、それがその後の数日間誰かの仕事になったりするのだ。もしそれが重要な情報であれば、それはQ1かQ2の仕事ということになろう。だが、重要でなければ、その部下はただ時間を浪費するだけだ。リーダーたる者、重要な用件に絞って取り組むことが重要であり、自分の代わりに部下にやらせるときは、特にこのことを留意しなければならない。重要だと確信できれば、自信をもってやらせればよい。それでこそ、リーダーなのだ。それ以外は無視すればよいのである。

●何でも緊急という思い込みはやめる

部下というのは、上司から何かを欲しいと要求されると、今すぐ必要なのだと思い込みがちだ。長い間そういうふうに仕事をしてきたからである。着手が半年以上先になるプロジェクトであっても、誰かが反射的にすぐ取り掛かろうとしたりするものだ。こういう認識の仕方は改めたいという考えを、リーダーとして明確に打ち出すようにしよう。

●Q2の活動を促進する機会を設ける

多くの家庭で休日などに恒例の行事を行ったりするが、組織でもQ2の優先事項への集中度をチェックする機会を定期的に設けるとよい。文化によっては特異な行事がおのずと生まれるケースもあれば、意識的に始めるケースもある。ある組織では、リーダーがQ3墓地をつくり、集中をそらす重大な原因が除去されるたびに、それを葬った人の名前とその功績をたたえる言葉を記した墓石とともに壁に張り出すようにしている。

そうかと思えば、プロジェクトが期限まで余裕をもって、かつ優れたレベルで完了したりすると、リーダーが表彰するという組織もある（プロジェクトがQ1の危機に陥っていたとき、土壇場になって登場して問題をすべて解決した英雄を褒めたたえるのではない）。何をするかはあなた次第だが、Q2への意識の集中を強化する目的で定期的に行えることが何かないか考えよう。

●Q2の活動をたたえる

組織のために多大な貢献をした人間をたたえることは、会社などが昔からやっていることだ。非常事態を見事に処理した者を月例の社員ミーティングで表彰したりする。ただ、気をつけないと、Q1の文化を奨励することになりかねない。根本原因を突き止めてQ1の用件を回避した功績、期限・予算の範囲内で慌てることもなく完了したプロジェクト、将来素晴らしいリターンが期待されるアイデアを生み出したチームなどを見つけて評価することによって、よりハイリターンのQ2カルチャーを醸成したいものだ。この手法は、脳の思考部位に文化を意識させる効果がある。

第2の選択：平凡に満足せず、卓越を目指す

●あなた自身のQ2役割ステートメントとQ2目標を部下と共有する

リーダーとして自らのエネルギーをどこで発揮するか。これはあなたにとって重要な問題である。リーダーとしてのあなた個人の優先事項に部下も関与させるとよい。あなたが何を達成しようとしているのか、彼らに説明しよう。個人的すぎる部分が含まれていてもかまわない。可能な範囲で共有すればよい。あなたの優先事項をチームにはっきり伝えると、彼ら

はその実現に向けて彼ら自身の努力の程度を調整できる。

リーダーだからといって、あなた一人で全部やろうとしても無理なのだ（また、そうすべきでもない）。あなたが成し遂げたいと思うもっとも重要なことを二つか三つ選び、それを中心にスケジュールを組むのだ。そのほかのタスクは排除するか、誰かに任せればよい。あなたが貢献すべきことを明確に述べ、あなたがそこに集中する意図を周りの者たちにも理解してもらおう。そうしたほうが彼らとしても自分の仕事に集中しやすく、都合がよいのだ。ひょっとしたら、あなたが取り組んでいる事柄について、より効果的なやり方を彼らから教えてもらえるかもしれない。

●部下にもQ２役割ステートメントとQ２目標を策定させる

あなたが正式なリーダーで権限があるなら、チームのメンバーにそれぞれの役割においてどのような貢献をしたいか考えさせ、その結果を報告させるとよい。あなたは対話を通じて彼らを啓発し、さらに意欲を引き出すことも可能なのだ。この手法は個人だけでなく、チームにも応用できる。チームでプロジェクトを開始するにあたり、それが組織にもたらす効果や組織の目標との関連性について簡潔でやる気を引き出すような言葉で激励できたら、さぞ素晴らしいだろう。これを組織の考え方の基準にするとよいだろう。

●組織の目標を「いつまでにXをYにする」という形で設定する

目標を設定するのに最新の脳科学を利用しない手はない。このように具体的に示すことで、あなたであれほかの誰かであれ、自分の時間や集中力やエネルギーをどこに費やすべきか、より適切に判断できるのだ。

第3の選択：小さな石に飛びつかず、大きな石をスケジュールする

●組織としてのQ2タイムゾーンを設ける

リーダーたるあなたは、数ヵ月先、数四半期先、さらには数年先を部下たちと一緒に見通す必要がある。これを怠れば、使命を果たしているとはいえない。できるだけ先を見通し、重要なイベントや定例業務（四半期決算、秋の新商品の発売など）の時間を前もって確保しておくと、組織のメンバーそれぞれが仕事をしやすくなり、Q2の活動に向けた準備も可能になる。定期的なイベントを中心に手順を定め、Q2タイムゾーンへの熟達度を高めていくべきだ。また、危機を自ら課し、組織全体をQ1に放り込んでしまうような事態を未然に防ぐ効果も

期待できる。組織によっては、思索や創意工夫のための時間を定期的に設けているところもある。

●幹部チームとともにQ２プランニングを実践する

チームでよく行うスケジュール調整会議とQ２プランニング会議とは大きく異なる。前者は目先の小さな石をより分けるのに対して、後者はより長期的な貢献や重要なQ２目標をテーマとする。組織の重要な成果の達成に向けて活動の優先順位を検討し、優先度の高いものから予定を組んでいく。組織にも、人間の脳の反応部位と思考部位に相当するものがある。Q２プランニングは思考部位が関わるものであり、緊急度ではなく重要性を軸にしたスケジュール作成を実現させる。

●日々のミーティングをQ２の活動として行う

環境によっては、毎日のミーティングがチームにとって不可欠だ。たとえば、目まぐるしく変化するソフトウェア開発の世界では、チームのメンバーが集まり、立ったままでその日の最優先事項を選んだり、障害を排除したりする。これは、個人が行うデイリーQ２プランニングと似る場合がある。重要事項の達成、集中をそらす原因の除去、危機に発展しかねない問題の防止などをテーマにメンバーで話し合うときは特にそうだ。Q2の考え方と用語を習得すれば、Q2プランニングの原則はさまざまな場面に応用できる。

●あなたが頻繁に行うことに熟達する

Q2の活動の中でも特に重要で反復可能なものについて効果的な手順をチームで決めておくと、組織内の全員をQ2にずっととどまらせることができる。無駄な作業ややり直しをなくし、信頼性の高い基準を示すのだ。プロセス管理の権威、W・エドワーズ・デミングは述べている。「自分がしていることをプロセスとして説明できなければ、それは自分のやっていることがわかっていないということだ[1]」

第4の選択：テクノロジーに使われることなく、テクノロジーを支配する

●組織としてのQ2マニフェストを作成する

メール、ショートメッセージなどへの対処の仕方を明確な指針や規約として定めることは、リーダーとして率先して取り組むべき課題だ。あなたからの連絡や彼らからの連絡について、

優先度の設定の仕方をチームに指導しよう。そして、共通の指針や規則をいくつか決めておこう。電源を切っておいて問題ない時間帯についても説明する必要がある。メンバーに期待する事柄やルールが明確になっているとストレスが軽減され、部下たちはそれぞれの創造性と集中力を最優先事項に思う存分発揮できるのだ。

●テクノロジーを正しく理解する

リーダーとしての影響力は、組織が採用するシステムやテクノロジーにも及ぶ可能性がある。部下たちが「4つのコア情報」を仕分けしやすくなるようなハイテク機器を選ぶ必要がある。また、スパムフィルタも機能的に優れたものでなければならない。誰もが複数の機器で「4つのコア情報」を整理できるように、ファイアウォールと認証ポリシーを精査することも重要だ。こうした機器は部下の集中度を左右する側面もあり、彼らの集中力が散漫になり、質の高い仕事ができなくなっては元も子もない。必要な情報を必要なときに必要な場所で入手できるようなツールと指針を提供することが肝要である。

●Q2プロセスマップを理解させ、壁に張っておく

部下たちにこのマップの手順を理解させ、三つの「基本動作」に熟達させる必要がある。このマップを理解し、それをサポートするテクノロジーとスキルを備えれば、押し寄せてくるデジタル情報との日々の闘いに勝利するための武器を彼らはすべて手に入れることになる。マップを定期的に見直し、彼らが設定したルールの現状と、こうした情報を「4つのコア情報」に沿って「仕分け」し、それにアクセスするのにあなたが定めた指針が役立っているか確認するとよい。

第5の選択：燃え尽きることなく、燃え上がる

●健康に留意する

リーダーの仕事はもっとも厳しい知識労働の一つである。組織のリーダーとして高い能力を発揮するには、あらゆる種類の精神的、感情的エネルギーが必要とされる。その意味で、リーダーであるあなたこそ、Q2重視の生活スタイルの恩恵を誰よりも享受すべきなのだ。「5つの選択」の原則は、組織の有能なリーダーとして任務を果たすのに役立つだけではない。あなたの仕事への情熱を維持しつつ、燃え尽きるのを防いでくれる効果もあるのだ。ま

ずは身体を大切にし、個人として「5つの選択」を実践することから始めればよい。運動する時間をつくり、脳の活性化に有効な物を食べ、睡眠を十分にとり、再生と休息をQ2の活動として定期的に行い、大切な人間関係をさらに強化しよう。こういった点に留意すれば、あなたはなおいっそう優秀なリーダーになれるはずである。

●身体に良い食べ物を提供する

これはオフィスで効果を上げるはずだ。食べるのが嫌いという人はまずいないだろう。職場で健康的な食べ物を差し入れすると、部下たちから感謝されるのみならず、彼らの士気も上がるかもしれない。昼下がりの会議といえば、糖分のとりすぎのせいか眠気を催すのが相場だが、逆にキビキビとした態度で仕事に励んでいる部下の姿を目にすれば、無駄な出費ではなかったと思えるだろう。

●脳に休息を与える

会議が長時間に及んだときは、出席者全員に脳を休ませるようなことをやらせるとよい。椅子から立ち上がって歩き回るのもよし、スタンディング形式の会議に切り替えるのもよし。

少しの時間、雑談に興じたり、何か愉快なことをしたりするのもよいだろう。こうした工夫をして気分転換を図れば活気が戻り、仕事の能率が格段に上がるはずだ。

●部下をしっかり休ませる

部下が休暇をとったら、完全に解放してあげることだ。休暇中のところへ仕事関連の資料を送ったり、ショートメッセージを送信したり、電話をしたりするのは慎もう。思い切りのんびりさせてあげれば、やる気満々で戻って来るだろう。

●猛烈型よりもスマートな働き方を奨励する

熾烈《しれつ》な競争社会では、タフガイや休みなく働く豪傑タイプ、「為せば成る」的な風潮がはびこりがちだが、健康的な活力に満ちた気風を推進することが重要だ。もちろん、長時間働かざるを得ない場合もある。それが現実というものだ。だが、徹夜の連続で目を血走らせた仕事中毒人間をもてはやす風潮があるとしたら、いずれ行き詰ることは必至だろう。いや、それ以上に深刻なのは、レベルアップや競争での勝利を可能にする革新的アイデアを次々と発見するのに欠かせない創造力を尊ぶ文化が衰退していくことだ。

大事なのは、オフィスのロボットになることなく、真面目に働いて目覚ましい成果を手にする人たちを祝福することだ。自分のまさに最高のエネルギーを仕事に注ごうとする人たちを。そういう人こそが、あなたの最高の部下なのである。エネルギーを維持し、自分の健康に留意する、あなたのその姿勢をリーダーとして模範的に示すことは、文化のこうした側面に大きく貢献するであろう。

あなたの組織にQ2カルチャーを醸成する

二一世紀にマネジメントがなすべきもっとも重要な貢献は、知識労働と知識労働者の生産性を同じように向上させることである。[1]

——ピーター・ドラッカー

この章では、組織内にQ2カルチャーを醸成する権限と意志を持つ上級リーダーを対象に、その実現に活用できる手法を紹介する。フランクリン・コヴィーがクライアントの組織文化の改善をサポートする目的で使用した手法をベースにしたものである。

文化は組織のオペレーティング・システムである

あなたが所有している複雑な電子機器の大部分は、オペレーティング・システム（OS）を搭載しているはずだ。たとえばスマートフォンであれば、アップル社のiOS、グーグル社のAndroid、マイクロソフト社のWindowsなどのシステムが入っている。こうしたOSの役割は何かといえば、それは、ほかのあらゆるものを適切に動かすことである。

文化というのはあなたの組織にとって、OSのようなものだ。素晴らしいOSがあれば、あなたがしようとしていることすべてが順調に進む。売上目標の達成、タスクやプロジェクトの完了、顧客サービス、生産工程や方式の改善など何であれ、強力なOSを備えていれば物事はよりスムーズになるのだ。それに対して、OSに問題があって十分機能しなければ、組織は動かなくなってしまう。組織内にQ2カルチャーが根づいていれば、従業員は次のような行動をとるだろう。

- 最優先事項を自ら重視する。
- そうした優先事項をもとに最高のリターンが期待

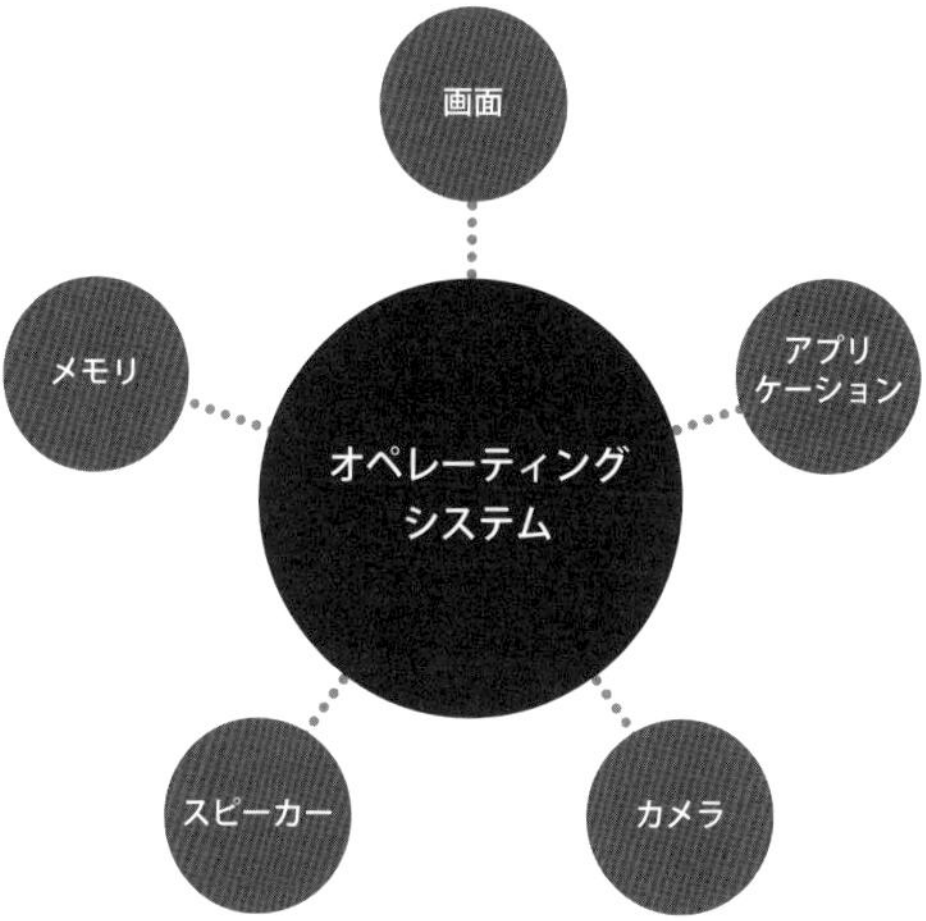

される活動を自ら選択する。

- 仕事に全力で取り組みつつ、そうした活動に意識を自ら振り向ける。

Q2カルチャーが醸成されていると、達成しようとしているもっとも重要な事柄が促進される。本書の冒頭で紹介したデータを思い出していただきたい。三五万一六一三人を対象に六年を費やして世界的規模で実施された調査の結果だ。回答者それぞれの時間とエネルギーの四割以上が、自身にとって、または彼らの組織にとって重要でない事柄に費やされていた。また、これは今日の組織における最大の潜在的コストであると我々は主張した。この数字は、給与の半分近くがあなたの戦略的目標と関係ない事柄に費やされていることを示している。

最終損益であれ、あなたが目指しているそのほかの戦略的目標であれ、本当に意味のある重要なことがおのずと重視される文化が築かれていたら、きっと素晴らしいだろう。部下たちは、自分の活動を絶えずチェックして生産性の阻害要因を排除する。必要な仕事を成し遂げるため、心身ともに充実したエネルギーを携えて毎日出勤する。もっと重要なこととして、創造的な才能やエネルギーを思う存分に仕事に注ぎ込むはずだ。

我々のデータによれば、組織はQ2に費やされる時間を、わずか数ヵ月以内に二四%、場合にようにすることができる。ただ、パソコンのOSはインストール作業が必要なように、組織でもQ２カルチャーの醸成がまず必要である。「５つの選択」を組織に導入し、三～六ヵ月以内に測定や検証が可能な行動を職場に根づかせる手順をこれから紹介しよう。

・**毎週のチーム会議で交わされるQ２にフォーカスした会話**

チームリーダーが会議で「時間管理のマトリックス」を日常的に使用し、メンバーがQ２の「大きな石」に意識を集中し、Q３の「集中をそらす原因」を排除できるように手助けする。

・**Q２役割ステートメントと目標**

各人がそれぞれの仕事で目指す貢献を明確なステートメントにまとめ、それを実現するための明確な目標を設定し、直属の上司とそれを確認する。そして、それを「パフォーマンス」面談に持ち込むことになる。

・**デイリー／ウィークリーQ２プランニング**

各人が、自分の仕事上の目標に明確に焦点を当てたデイリーおよびウィークリーQ２プランニングを定期的に実施する。

・**共通の技術指針**

メールをより効果的に利用して時間の浪費を防ぐため、統一的なメール利用指針を定める。

・**精力的な活動**

部下たちがより精力的になり、Q2エネルギー指標で測定されるような、支え合う行動を実践する。

Q2カルチャーに即した、より個別的な行動も「5つの選択」から出現することが予想されるものの、これらのような検証可能な行動が組織の隅々まで広がっていくはずである。

「5つの選択」を文化に組み込むには

組織のOSともいうべき「5つの選択」を、組織内のいろいろな立場の人々と連携して導入する際の主な手順を説明する。必要に応じて独自の変更を加えることはかまわない。

1. 経営幹部に対する説明

はじめに、経営幹部の中から賛助者一人と、組織内でリーダーそのほかの研修を担う推進チームを選出する。半日ほどにわたるこの会議の中で、幹部チームは「時間管理のマトリックス」を中心に「5つの選択」について学ぶ。その後、自らの組織に関する「5つの選択」関連のデータおよび、目下Q2に費やされている時間数について検討する。また、そのほかの領域において容易に緩和または排除できそうな活動として、どのようなものがそのデータから見えてくるか話し合う。

2. 推進チームの認定

「5つの選択」ワークセッションを運営し、導入・保証プロセスのそのほかの部分を効果的に進める資格を組織内のコーチやファシリテーターに付与する。

3. リーダー研修

リーダーやマネージャーに対して「5つの選択」を説明し、Q2の手法によるチームの率い方を指導する。検証可能な五つの行動を中心に展開する具体的なリーダーシップ課題を彼らに与え、チームとともに向こう五週間のうちに実行させる。

4．チーム研修

チームに「5つの選択」を指導し、検証可能な五つの行動を中心に展開する具体的な課題を与え、向こう五週間のうちに実行させる。

5．幹部社員への結果報告

研修の五週間後、チームリーダーに、検証可能な五つの行動を導入したことの成果および、その結果としてチームのパフォーマンスに生じた影響について経営幹部の中の賛助者に報告させる。

6．再評価

開始から約三ヵ月後、組織がQ2の活動に費やしている時間数を「5つの選択」において再評価し、Q2エネルギー指標の数値を評価する。

7．持続

このフェーズがこの後一二ヵ月間続き、継続的学習（新入社員向け実地研修を含む）、導入ツール、広範囲で視覚的な教材確認、再評価、チームの進捗《しんちょく》が不十分な分野に関する重点的支援などを行う。

導入手順図

この手順の各要素を図示すると、下図のようになる。

組織の文化がOSと違う点

「5つの選択」の導入に関連して確認しておくが、文化というのは実は導入できるものではない。育てるしかないのだ。リーダーが実践してみせるとよい明確な行動がいくつかあるが、つまるところはリーダー自身の日頃の行いにかかっている。

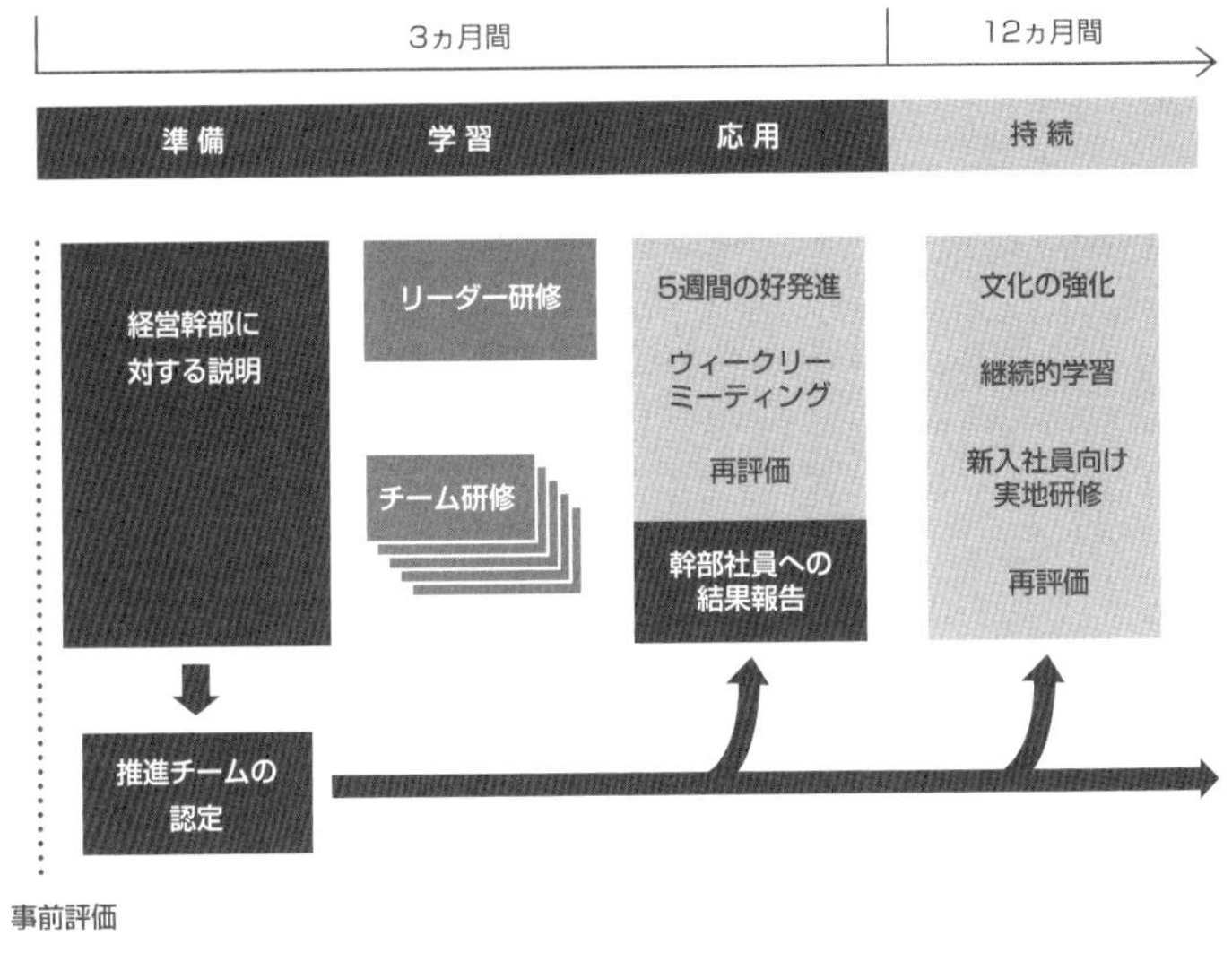

- リーダーが絶えず立ち止まり、自分たちはQ2にいるかと部下たちに尋ねると、チームはQ2に移るものである。
- リーダーが用件を割り当てる際、それがQ3であれば堂々と思いとどまるようにすれば、部下たちも見習うようになる。
- リーダーが自分の果たしたい貢献について語り、その実現に向けた目標を共有すれば、部下たちも見習うようになる。
- リーダーが自ら仕事に全精力を注ぎ込み、同様に頑張っている者を褒めたたえると、部下たちも見習うようになる。

逆に、リーダーがこうした行動を実践しないで、部下たちをQ1やQ3に追いやるようだと、彼らも同様の態度をとるようになる。そして、残念ながら組織内の大方の人の予想どおり、単なる「流行」のイニシアチブで終わるだろう。リーダーが一日だけ頑張っても、すぐ元の態度に戻れば、彼らも皆そうするだろう。

変革を成功させるということは、献身的なQ2リーダーがコミットメント、模範実践、強化というインサイド・アウト（内から外へ）のプロセスを実践するということだ。Q2リーダーになるということはWin-Winの行動である。このプロセスを実行するリーダーは、自らの生産性が大幅に向上し、満ち足りた気分になるだけではない。彼らが指揮する組織や部下たちも、それぞれのもっとも重要な戦略的目標の実現に向けて、より優れたパフォーマンスを発揮できるようになるのである。

Q2カルチャーを築くためにリーダーが実践すべきインサイド・アウトのプロセス

付録A：電子メール利用指針——主要な二五項目

1. 簡潔にする

「送信」ボタンを押す前にメールを読み返し、無駄な部分はすべて削除する。

2. 「件名」はすぐに対応可能なものにする

メールの件名は新聞の見出しと同じで、本文への興味をそそるものが好ましい。誰かに何かをするよう依頼するメールを送るときは、件名にそれを含めるとよい。例：「予算書チェックのお願い」

3. 曖昧《あいまい》な「件名」は避ける

ただ「モノ」という締まりのない件名のメールを誰が読もうと思うだろうか。メールの内容を的確に表現しよう。その結果、本文も簡潔になる。

4. テーマは一つに絞る

「件名」を表す英語は「subject line」であって、「subjects line」ではない。複数のテーマについて書きたい場合は、また別にメールを送ることだ。このルールを守ると、コミュニケーションがより容易になり、本文が長たらしくなることはない。

5．重要であることを示す記号（"！" "!!" など）を乱用しない

あなたにとって重要なものが、相手にとっても重要とは限らない。残念ながら、それが現実というものだ。それよりも、説得力のある件名を使用しよう。

6．「宛先」欄より本文を先に書く

私たちは本能的に宛先を最初に入力したくなるが、宛先は最後ということを脳に教え込もう。本文を書いている途中でうっかり送信してしまうという恥ずかしい経験は、大概誰にでもあるだろう。「添付」や「保存」のボタンを押すつもりで、「送信」をクリックしてしまうことによるミスだ。キャリアに響くことのないように気をつけよう。

7．重要なポイントを最初に書く

最初のパラグラフしか読まない人が多いため、重要な情報を最後の方に書いたのでは読んでもらえない恐れがある。

8．依頼の相手を明示する

複数の相手（CCを含む）にメールを送り、何らかの行動を促す場合、相手別に頼むことを列挙するとよい。具体的に記し、そして期限も含めるべきだ。

（例）宛先：ペイジ
CC：マテオ、アルド、テリー
ペイジ：添付文書を変更履歴機能でチェックし、今週金曜日までに校正に回してください。
テリー、マテオ、アルド：お願いすることはありません。

9. 本文が短い場合は「件名」に入れてしまい、最後に「以上」をつける

これをつけることによって、メールを開く必要がないことを相手に伝えられ、お互いにとって時間の節約になる。

（例）件名：一五分後に会議スタート（以上）

10. 本文末尾に「返答不要」と記す

これを記すのは言うまでもなく、返事を必要としない場合に限られる。これを見た相手は、思わずニンマリするかもしれない。

11. 必要に応じて接頭辞を使用する

「Q1」をつければ、相手は緊急のメールであることがわかり、返信が必要なことも察しがつくはずだ。ただし、相手をだましてはいけない。本当に緊急かつ重要なものについてのみ、「Q1」を使うようにしよう。ただし、そういう場合、連絡方法としてメールが本当に適当だろうか。これは次のポイントに関係してくる。

12．Q1の用件にメールを使わない

確かにメールは数秒で相手に届くが、だからといって相手がすぐ読むとは限らない。直接相手と話せる電話という手段があることを忘れてはいけない。あるいは、椅子から立ち上がって通路を歩き、相手のところに出向けばもっとよい。

13．頭文字の略語を多用しすぎない

略語は特に「件名」欄に使用すると非常に時間の節約になる。だが、略語は数千も存在するため、相手がその意味を取り違える可能性がある。もっとも、AR（対応求む）、FYA（承認求む）、QUE（質問）など、オフィスで日常的に使用されるものは数も限られ、問題はないだろう。

14．返事は二四時間以内に送る

もちろん、これはメールの内容による。数日先でも問題ないQ2の用件などの場合は、いつまでに返事が欲しいかを確認するメールだけでも送っておくとよい。

15．即時の返信を求めない

メールチェックはある程度の間隔を空けて行うよう部下たちに指導している関係上、あな

たも同じようにすべきだ。したがって、返信が届くまでにはしばらく時間がかかることを承知しておこう。

16. 外出中の自動返信を利用する

ある程度長時間オフィスを留守にする場合は、相手にその旨を伝えるようにしよう。組織内の人と組織外の人、あるいはその両方に「外出中」という返信が送られるように設定しておくとよい。ソフトによっては、コンタクトリストに名前が登録されている人のみに自動返信できるものもある。これだとスパムメールには返信されないので、とても便利だ（さもないと、スパムメールが増えてしまう）。

17. 不要な「CC」を削除する

CC機能が多用されすぎる傾向がある。本当に必要な人だけに限ることだ。「CC」の目的は通常、その人に対応を求めるのではなく、単に情報共有することにある。対応を求める相手を「CC」に加えるときは、その旨を明示すべきだ。

18. 「BCC」の使用には慎重を期す

この機能は、お互いを知らない複数の相手に送信する場合に使用すると効果的だ。アドレス情報を互いに知られずに済むからである。ただし、今日のスマートフォンの中には、BC

Cで送信した相手にその旨を必ずしも表示しないものもある。この場合、そうとは知らずに返信してしまう可能性があり、具合が悪い。

19. 「全員に返信」機能を使用しない

「全員に返信」の多くがいかに失礼な対応か、あなたも経験したことがあるだろう。そんな十把一からげな扱いは気持ちの良いものではない。お互いに誠実な対応を心掛けたいものだ。

20. 添付ファイルにわかりやすい名前をつける

添付ファイルに「文書1.docx」とか「CB0056.pdf」といった名前をつけると、相手はどれがどれだか迷ってしまうだろう。「5／6再編成会議議事録」など、一目でわかるような名前にしよう。

21. 関連メールの要約をつける

それまでやり取りしたメッセージが結合されたメールを別の人に転送する場合、その人にスクロールさせて全体の内容を確認させるよりも、要約してあげるほうが親切だ。メッセージ内の重要部分を強調表示して送る手もある。

22. 新しい連絡先は必ずアドレス帳に追加する

そうすることで、将来メールを受け取ったとき、ゴミ箱行きになるのを防げるだろう。

23．署名に自分の電話番号などを含める

これは、相手があなたに大至急連絡したい場合や、別の種類の通信手段で細かな話をしたいという場合に役立つ。

24．勤務時間中の私用メールは慎む

仕事のメールは個人の所有物ではなく、会社の財産と考えられる。個人的用件のメールは勤務時間外まで慎まなければいけない。さらに、個人的なメールは別のアカウントを利用し、貴重な保存容量は仕事関連のメールのために空けておくべきだ。

25．メールでの連絡は本当に必要な場合に限る

私たちが一日に受け取るメールの数は、通常一〇〇通以上に達する。相手のオフィスが歩いて行ける距離なら、持参すべきだ。また、メール一通を打つのに一〇分以上もかかる人は、この通信手段は不向きかもしれない。メールという手段がもっとも威力を発揮するのは一般的に、情報交換を目的とする場合だ。対立の解消、怒りなどの発散、強い意見の表明、噂話、叱責、不平などに用いると有効性が低下し、逆効果となることさえある。これらを伝えるには、もっと適した手段がほかにあり、場合によっては伝えない方がよいかもしれない。

付録B：主要なモデル

フランクリン・コヴィーの
「時間管理のマトリックス」

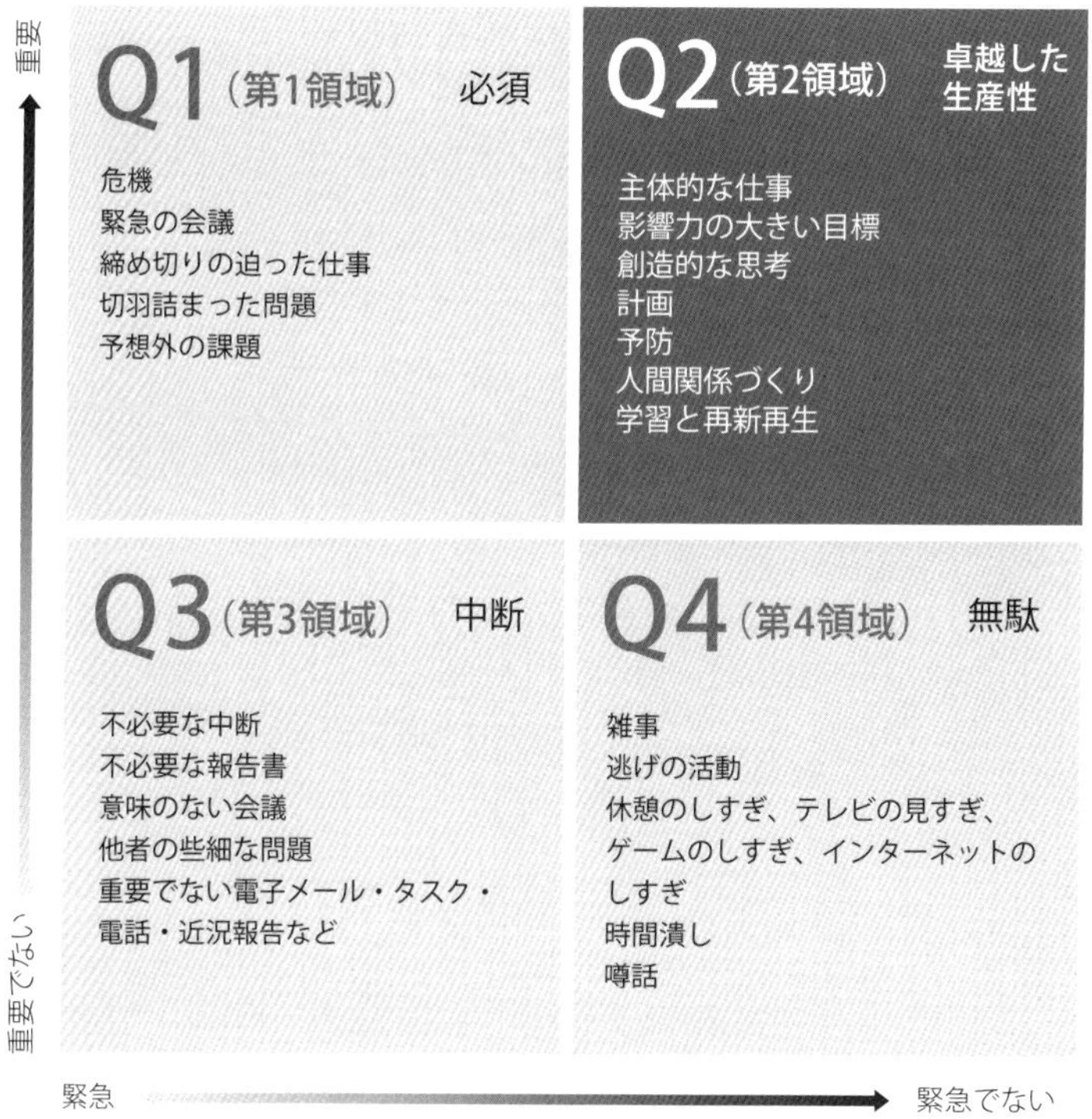

フランクリン・コヴィーの
「時間管理のマトリックス」（空欄）

Ｑ２プロセス・マップ

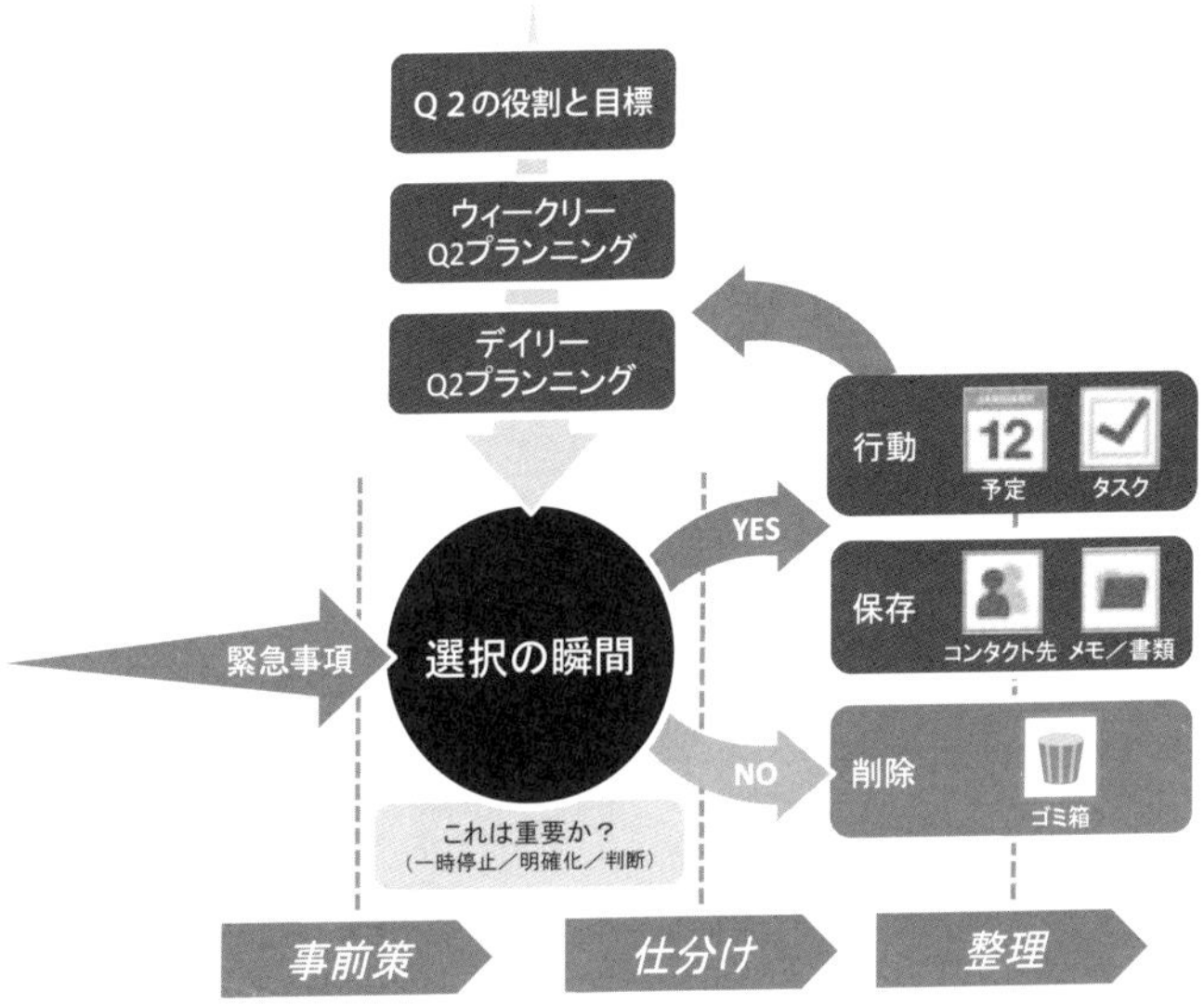
Ｑ２の役割と目標
ウィークリー
Q2プランニング
デイリー
Q2プランニング
緊急事項
選択の瞬間
これは重要か？
（一時停止／明確化／判断）
YES
NO
行動
12
予定
タスク
保存
コンタクト先
メモ／書類
削除
ゴミ箱
事前策
仕分け
整理

謝辞

●コリー・コーゴン

本書を世に送り出すにあたってお力添えをいただいた方々に、ここで心より謝意を表したいと思います。まずは共著者のアダム・メリル。彼は自身の協調性と寛容さで、達成の重要性を身をもって示してくれました。もう一人の共著者リーナ・リンネは、コンテンツの開発を卓越した手腕で推進してくれました。

また、校閲を担当してくださったリー・スティーブンス、スゼッテ・ブレイクモア、ジェレル・マクシェイン、ジュリー・シュミット、スーザン・サボ、ハービー・ヤング、トッド・ミュージグ、エリー・ローゼンタール、ジョッシュ・ローゼンタール、ブレック・イングランド、ベッキー・ハーディング、アンドリュー・ワンキアーにも感謝申し上げます。我々は当初、この作業をＱ２の活動と想定していながら、元々お忙しい用件を抱えておられる皆様に、ややＱ１的な仕事をお願いすることになってしまいました。にもかかわらず、快く対応していただけたことに深く感謝する次第です。さらに、アニーとザックにもお礼を申し上げます。お二人がいなかったら、本書が完成に至ることはなかったでしょう。

私は幸いにも両親の揃った家庭で育ちました。そのためか、毎晩夕食の席では、達成ということが頻繁に話題にのぼりました。その日にどんな素晴らしいことを達成できたかとか、どのような貢献をしたかとか、両親から始終問いかけられたものです。「何もなかった」などという答えは許されませんでした。両親は絶えず、私たち兄弟の中に感じていた潜在能力について話してくれ、毎日価値を生み出すことの重要性を身体に覚え込ませてくれたのです。そんな両親に心から感謝の言葉を伝えるとともに、二人の姉妹、バービー・シーゲルとエリー・ローゼンタールにもお礼を申し上げます。子どものころのわが家の伝統は、今でもこの二人の姉妹たちとの間で続いています。

最後になりましたが、二一年以上にわたって私に現実の厳しさを教えてくださったパムに感謝の言葉を捧げます。人生のバランスに関する要諦から目を離すことのないようにと、彼女は私をずっと懸命に励ましてくれました。「ノー」と言えずに苦しんでいる私を小さな石の山から何度となく引っ張り出してくれたのは、いつも彼女でした。

●アダム・メリル

次の方々に心から感謝の意を表させていただきます。

まず、コリー・コーゴンおよびリーナ・リンネという傑出したお二人と仕事をともにさせていただいたことは、私にとって幸運であると同時に、実に名誉なことでした。今回の貴重な体験は、私の脳裏にいつまでも残ることでしょう。

サイモン&シュスター社のベン・ローネン上級編集者およびブリット・ハヴァイド編集補佐は素晴らしい先見の明をお持ちであり、パートナーとして多大な協力をいただき、バーバラ・ハンソン氏には原稿の整理をお手伝いいただきました。また、ドゥプリー/ミラー&アソシエーツ社のジャン・ミラーおよびシャノン・メイヴン両氏は実に優秀なエージェントであり、以前からずっとお世話になっております。

フランクリン・コヴィー・イノベーションズのチームの面々は、その才能の素晴らしさはもちろんのこと、実に創造的かつ献身的で大いに感銘を受けたものでした。お互いに強い意志で結ばれており、世の中に有益な影響を及ぼす真に優れた著作物を生み出すという、尽きることのない挑戦に対しても並々ならぬ決意が感じられました。

ショーン・コヴィーは勇敢かつ誠実な性格の持ち主で、細かな部分に目を配っていただきました。周囲の人間に偉大さを吹き込むことのできる、まさしく真のリーダーといえるでしょう。

フランクリン・コヴィー社のマーケティング事業をまれに見る才能とスキルで率いているスコッ

ト・ミラー、我々の果敢な書籍チームの一員であるアニー・オスワルド、ザック・クリステンセンおよびジル・ホワイト、誠意と献身さを武器にあらゆる面で貢献しているリー・スティーブンスおよびブレック・イングランド、フランクリン・コヴィー社編集主任であるリード・レイター、わが社の多くの校閲者たち、人間の潜在能力の研究に熱心に取り組んでいるリサーチパートナーたち、本書の装丁についてご協力をいただいたジョディー・カーおよびフランクリン・コヴィー社のクリエイティブサービスチーム、本書のために素晴らしい挿絵やひな型を製作していただいたサンティアゴ・カーボネル、参考文献など作業全般の円滑化にご尽力いただいたイヴェット・リッチモンドの各氏にもそれぞれの分野でご尽力いただきました。

マスターズ・ボビィーとシャーリーン・ローレンスの両氏およびそのご家族、とりわけ私の主要なインストラクターであるダラス・ローレンス氏は家族向け武道組織を設立され、冷静さとバランスを失うことなく目標や実績を志向する人間の育成に努力されています。

私の両親ロジャー／レベッカ・メリルは、この本およびそのほかのあらゆる面で基礎をつくってくれたほか、生涯にわたって積極的な奉仕と貢献の模範を私に示してくれました。二人には一生頭が上がらない思いです。

私の愛する妻ジュリー、我々の子どもエイミー・ハリソンとその夫のジョン・ハリソン、キンバリー、レイチェル、ブランドン、我々の初孫のデイビッド・ハリソンは私にとって、実に大きな支えでした。卓越した人生とは何か、なぜそれが大切なのか、それを日々私に教えてくれているのが彼らなのです。

●リーナ・リンネ

私はこれまで、アダム・メリル、コリー・コーゴン、ショーン・コヴィー、スコット・ミラー、マリアン・フィリップス、トッド・デービス、キャセリン・ネルソン、ピーター・カシックをはじめとする多くの素晴らしいリーダーたちに巡り合い、卓越という目標に向けて刺激と指導を受けてきました。また、私の恋人デイビッドは、いつも変わることなく私をサポートしてくれました。心から感謝の気持ちを伝えたいと思います。

脚注

はじめに：あなたは生き埋め状態になっていないか

1 Grant, Alan W.H.and Leonard A.Schlesinger, "Realize Your Customers' Full Profit Potential." Harvard Business Review, September-October 1995, 71.
2 John Medina, "The Brain Rules," BrainRules.net,http://brain rules.net/brain-rules-video, Video #1, Exercise.
3 The FranklinCovey Time Matrix 調査より。2005 ～ 2011 年に実施。

第1の選択：重要軸で行動し、緊急軸に流されない

1 Douglas Van Praet, Unconscious Branding: How Neuroscience Can Empower (and Inspire) Marketing, New York: Palgrave Macmillan, 2012, 80.
2 Michael Kuhar, Ph.D., The Addicted Brain: Why We Abuse Drugs, Alcohol, and Nicotine, Upper Saddle River, NJ: Pearson Education, Inc., 2012, 81.
3 Michael Kuhar, M.D., The Addicted Brain: Why We Abuse Drugs, Alcohol, and Nicotine, Upper Saddle River, NJ: Pearson Education, Inc., 2012, 79.
4 Louis Teresi, M.D., Hijacking the Brain: How Drug and Alcohol Addiction Hijacks Our Brains-The Science Behind Twelve-Step Recovery, Bloomington, IN: AuthorHouse, 2011, 16.
5 Brene Brown, Daring Greatly: How the Courage to Be Vulnerable Transforms the Way We Live, Love, Parent, and Lead, New York: Penguin Group, 2012, 137.

第2の選択：平凡に満足せず、卓越を目指す

1 Daniel Amen, M.D., フランクリン・コヴィーによるインタビュー記録。
2 Daniel H.Pink, Drive: The Surprising Truth About What Motivates Us, New York: Penguin Group, 2009, 144-145. ダニエル・ピンク著『モチベーション 3.0 持続する「やる気!」をいかに引き出すか』（大前研一訳。講談社）
3 Adam Grant, Give and Take: Why Helping Others Drives Our Success, New York: Penguin Group, 2013, chapter 6.
4 Heidi Grant Halvorson Ph.D., Succeed: How We Can Reach Our Goals.New York: Penguin Group, 2010, 206. ハイディ・グラント・ハルバーソン著『やってのける～意志力を使わずに自分を動かす～』（児島修訳。大和書房）
5 Keva Glynn, M.H.A., Heather Maclean, Ed.D., Tonia Forte, M.H.Sc., and Marsha Cohen, M.D., M.H.Sc. "The Association Between Role Overload and Women' s Mental Health," Journal of Women' s Health, vpl. 18, p.2, 2009.
6 Brigid Schulte, Overwhelmed: Work, Love, and Play When No One Has the Time, New York: Farrar, Straus and Giroux, 2014, 164.
7 Heidi Grant Halvorson Ph.D., フランクリン・コヴィーによるインタビュー記録。
8 Daniel H.Pink, Drive: The Surprising Truth About What Motivates Us, New York: Penguin Group, 2009, 138. ダニエル・ピンク著『モチベーション 3.0 持続する「やる気!」をいかに引き出すか』（大前研一訳。講談社）

第3の選択：小さな石に飛びつかず、大きな石をスケジュールする

1 Thomas H.Davenport, John C.Beck, The Attention Economy, Harvard Business School Press, 2001, 2 〜 3. トーマス・H・ダベンポート／ジョン・C・ベック著『アテンション！　経営とビジネスのあたらしい視点』（高梨智弘／岡田依里 訳。シュプリンガー・フェアラーク東京）

2 Heidi Grant Halvorson Ph.D., フランクリン・コヴィーによるインタビュー記録。

3 Rick Hanson, Ph.D, Richard Mendius, M.D., Buddha' s Brain: The Practical Neuroscience of Happiness, Love, and Wisdom, Oakland, CA: New Harbinger Publications, Inc., 2009, 200.

4 Heidi Grant Halvorson Ph.D., フランクリン・コヴィーによるインタビュー記録。

5 Steven R.Covey, The 7 Habits of Highly Effective People, New York: Simon & Schuster, 2009, 306. スティーブン・R・コヴィー著『完訳７つの習慣　人格主義の回復』（キングベアー出版）

第4の選択：テクノロジーに使われることなく、テクノロジーを支配する

1 Herman Kahn, The Year 2000: A Framework for Speculation on the Next Thirty-three Years, New York: The Macmillan Company, 1967, 197.

2 Herman Kahn, The Year 2000: A Framework for Speculation on the Next Thirty-three Years, New York: The Macmillan Company, 1967, 197.

3 Alex Magdaleno, "Imogen Heap Takes High-Tech Musical Glove to Kickstarter," Mashable.com, http://mashable.com/2014/04/11/Imogen-heap/.

4 Edward M.Hallowell, M.D., フランクリン・コヴィーによるインタビュー記録。

5 Catherine Steiner-Adair Ed.D., Teresa H.Barker, The Big Disconnect: Protecting Childhood and Family Relationships in the Digital Age, New York: HarperCollins, 2013, 10?11.

6 Catherine Steiner-Adair Ed.D., Teresa H.Barker, The Big Disconnect: Protecting Childhood and Family Relationships in the Digital Age, New York: HarperCollins, 2013, 11.

7 Thomas Cleary, The Japanese Art of War: Understanding the Culture of Strategy, Boston: Shambhala Publications, 1991, 75.

8 Thomas Cleary, The Japanese Art of War: Understanding the Culture of Strategy, Boston: Shambhala Publications, 1991, 77.

9 Julie Morgenstern, Organizing from the Inside Out, New York: Henry Holt and Company, 2004, 16.

10 Ed Parker, Infinite Insights into Kenpo: Mental and Physical Applications, Los Angeles: Delsby Publications, 1987, xii.

11 "Email Statistics Report, 2014-2018," The Radicati Group, April 2014, p.4.

12 Sun Tzu, The Art of War: The Ancient Classic, West Sussex, United Kingdom: Capstone Publishing (A Wiley Company), 2014, 20.

13 Nick Collins, "Email Raises Stress Levels," telegraph.co.uk, http://www.telegraph.co.uk/science/science-news/10096907/Email-raises-stress-levels.html. 参照可能なそのほかの関連記事："One in Three Workers Suffers from

'Email Stress,' " telegraph.co.uk, http://www.telegraph.co.uk/news/uk news/1560148/One-in-three-workers-suffers-from-email-stress.html.

第5の選択：燃え尽きることなく、燃え上がる

1 Nikhil Swaminathan, "Why Does the Brain Need So Much Power?" scientificamerican.com,http://www.scientificamerican.com/article/why-does-the-brain-need-s.
2 Daniel H.Pink, Drive: The Surprising Truth About What Moti-vates Us, New York: Penguin Group, 2009, 78. ダニエル・ピンク著『モチベーション 3.0 持続する「やる気!」をいかに引き出すか』(大前研一訳。講談社)
3 Daniel H.Pink, Drive: The Surprising Truth About What Moti-vates Us, New York: Penguin Group, 2009, 131. ダニエル・ピンク著『モチベーション 3.0 持続する「やる気!」をいかに引き出すか』(大前研一訳。講談社)
4 John Ratey, M.D., フランクリン・コヴィーによるインタビュー記録。
5 John Ratey, M.D., フランクリン・コヴィーによるインタビュー記録。
6 Christopher Bergland, "The Brain Drain of Inactivity," psychology today.com, http://www.psychologytoday.com/blog/the-athletes-way/201212/the-brain-drain-inactivity.
7 Ted Eytan, "The Art of the Walking Meeting," Ted Eytan, M.D., blog, Jan.10, 2008, http://www.tedeytan.com/2008/01/10/148.
8 John Ratey, M.D., フランクリン・コヴィーによるインタビュー記録。
9 Joseph Signorile, "Aging and Exercise," http://radiowest.kuer.org/post/aging-and-exercise.
10 Richard Restack, M.D., フランクリン・コヴィーによるインタビュー記録。
11 John Ratey, M.D., フランクリン・コヴィーによるインタビュー記録。
12 Daniel Amen, M.D., フランクリン・コヴィーによるインタビュー記録。
13 Daniel Amen, M.D., フランクリン・コヴィーによるインタビュー記録。
14 Joshua Gowin, "Why Your Brain Needs Water," psychologytoday.com, http://www.psychologytoday.com/blog/you-illuminated/201010/why-your-brain-needs-water.
15 Philippa Norman M.D., M.P.H., "Feeding the Brain for Academic Success: How Nutrition and Hydration Boost Learning," healthybrainforlife.com, http://www.healthybrainforlife.com/articles/school-health-and-nutrition/feeding-the-brain-for-academic-success-how.
16 T.Colin Campbell, Thomas M.Campbell II, The China Study: The Most Comprehensive Study of Nutrition Ever Conducted and the Startling Implications for Diet, Weight Loss and Long-Term Health, Dallas: BenBella Books, 2006, 228. T・コリン・キャンベル , トーマス・M・キャンベル著『葬られた「第二のマクガバン報告」』(松田麻美子訳。グスコー出版)
17 Thierry Hale, "Rio-Paris Crash, Pilot Fatigue Was Hidden," lepoint.fr, http://www.lepoint.fr/societe/crash-du-rio-paris-la-fatigue-des-pilotes-a-ete-cachee-15-03-2013-1640312_23.php. 参照可能なそのほかの関連記事：Robert Mark, "Air France 447 and Sleep Deprivation: A Fatal Link," jetwhine.com,

http://www.jetwhine.com/2013/03/af-447-crash-sleep-deprivation-a-link-appears.
18 Centers for Disease Control, "Insufficient Sleep Is a Pub-lic Health Epidemic," cdc.gov, http://www.cdc.gov/features/ds sleep.
19 Liz Joy, M.D., フランクリン・コヴィーによるインタビュー記録。
20 Alice A.Kuo, "Does Sleep Deprivation Impair Cognitive and Motor Performance as Much as Alcohol Intoxication?" ncbi.nlm.gov,http://www.ncbi.nlm.nih.gov/pmc/articles/PMC1071308.
21 Liz Joy, M.D., フランクリン・コヴィーによるインタビュー記録。
22 Monica Eng, "Light from electronic screens at night linked to sleep loss," http://articles.chicagotribune.com, http://articles.chicagotribune.com/2012-07-08/news/ct-met-night-light-sleep-2012 0708_1_blue-light-bright-light-steven-lockley.
23 Monica Eng, "Light from electronic screens at night linked to sleep loss," http://articles.chicagotribune.com, http://articles.chicagotribune.com/2012-07-08/news/ct-met-night-light-sleep-2012 0708_1_blue-light-bright-light-steven-lockley.
24 William C.Dement, M.D., Ph.D., The Promise of Sleep: A Pioneer in Sleep Medicine Explores the Vital Connection Between Health, Happiness, and a Good Night' s Sleep, New York: Dell Publishing, 1999, 428. W.C. デメント著『スリープ・ウォッチャー』(大熊輝雄訳。みすず書房)
25 William C.Dement, M.D., Ph.D., The Promise of Sleep: A Pioneer in Sleep Medicine Explores the Vital Connection Between Health, Happiness, and a Good Night' s Sleep, New York: Dell Publishing, 1999, 425. W.C. デメント著『スリープ・ウォッチャー』(大熊輝雄訳。みすず書房)
26 William C.Dement, M.D., Ph.D., The Promise of Sleep: A Pioneer in Sleep Medicine Explores the Vital Connection Between Health, Happiness, and a Good Night' s Sleep, New York: Dell Publishing, 1999, 423. W.C. デメント著『スリープ・ウォッチャー』(大熊輝雄訳。みすず書房)
27 Michael Kellmann, Ph.D., Enhancing Recovery: Preventing Underperformance in Athletes, Champaign, IL: Human Kinetics, 2002, vii.
28 Michael Kellmann, Ph.D., Enhancing Recovery: Preventing Underperformance in Athletes, Champaign, IL: Human Kinetics, 2002, 5.
29 Sage Roundtree, The Athlete' s Guide to Recovery, Boulder, CO: Velopress, 2011, 12. [または仕事] は原文への追加。
30 Sage Roundtree, The Athlete' s Guide to Recovery, Boulder, CO: Velopress, 2011, 13.
31 Sage Roundtree, The Athlete' s Guide to Recovery, Boulder, CO, Velopress, 2011, 12.
32 Matt Richtel, "Digital Overload: Your Brain on Gadgets," Fresh Air, National Public Radio, Aug.24, 2010.
33 Phyllis Korkk, "To Stay on Schedule, Take a Break," nytimes.com, http://www.nytimes.com/2012/06/17/jobs/take-breaks-regularly-to-stay-on-schedule-workstation.html?_r=0.

34 Herbert Benson, M.D., Miriam Z.Klipper, The Relaxation Response, New York: HarperCollins, 2009, 142-143. ハーバート・ベンソン著『ベンソン博士のリラックス反応』(弘田雄三。講談社)

35 Dan Harris, 10% Happier, New York: HarperCollins, 2014, 170.

36 Natali Moyal, Avishai Henik, Gideon E.Anholt, "Cognitive Strategies to Regulate Emotions——Current Evidence and Future Directions," journal.frontiersin.org, http://journal.frontiersin.org/Journal/10.3389/fpsyg.2013.01019/full.

37 Daniel Amen, M.D., フランクリン・コヴィーによるインタビュー記録。

38 Wikipedia, "Oxytocin," en.wikipedia.org, https://en.wikipedia.org/wiki/Oxytocin#Fear_and_anxiety_response.

39 Harvard Health Publications, "The health benefits of strong relationships," health.harvard.edu, http://www.health.harvard.edu/newsletters/Harvard_Womens_Health_Watch/2010/December/the-health-benefits-of-strong-relationships.

40 Matthew D.Lieberman, Social: Why Our Brains Are Wired to Connect, New York: Crown Publishing Group, 2013, 58?59.

41 Rebecca Z.Shafir, The Zen of Listening: Mindful Communication in the Age of Distraction, heaton, IL: Quest Books, 2012, 243.

42 Louis Cozolino, The Neuroscience of Human Relationships: Attachment and the Developing Social Brain, New York: W.W.Norton & Company, 2014, 4.

43 Dr. Hallowell, フランクリン・コヴィーによるインタビュー記録。

リーダーとしてできること

1 W.Edwards Deming, brainyquote.com, http://www.brainyquote.com/quotes/quotes/w/wedwardsd133510.html.

あなたの組織にQ2カルチャーを醸成する

1 Peter F.Drucker, "On knowledge worker productivity," gurteen.com, http://www.gurteen.com/gurteen/gurteen.nsf/id/X00035 E2A/.

著者紹介

●コリー・コーゴン

コリーはフランクリン・コヴィー社の生産性担当グローバル・プラクティス・リーダーとして、時間管理、プロジェクト管理、コミュニケーションスキルに関するリサーチおよびコンテンツ開発に従事している。共著書に『Project Management Essentials for the Unofficial Project Manager』『Presentation Advantage』がある。

組織の最前線から経営チームのメンバーに至るまで、二五年間に及ぶビジネス経験から豊富なノウハウを備えている。フランクリン・コヴィー社に加わる前は、ワールドワイド・オペレーションズ・フォー・アルファグラフィクス社にて副社長を六年間務めた。フランチャイズ加盟企業の事業立上げ、人材育成、黒字化に向けてサポートするチームやプロジェクトを担当した。ISO九〇〇〇の世界的導入を指揮したほか、初の全社的グローバル学習システムの導入管理にあたった。

人々の行動意欲を絶えず刺激する実践的手法や論理的根拠を提示する彼女の能力には定評がある。二〇〇五年、『ユタ・ビジネス・マガジン』によりユタ州「注目すべきビジネス・ウーマン」

賞の一人に選出された。二〇一二年、彼女が現在も所属しているニューロリーダーシップ・インスティテュートよりファウンデーション・オブ・ニューロリーダーシップ認定証を取得している。

●アダム・メリル

アダム・メリルはフランクリン・コヴィー社のイノベーション担当副社長である。優秀なスタッフとともに、個人や組織における生産性の飛躍的向上を目的とする、受賞歴のある製品の開発にあたっている。イノベーション、生産性、リーダーシップをテーマとしてずっと研究に取り組んでおり、こうした創造的プロセスのほか、この種の活動に関心のある有能で熱意あふれる人材との協同作業をこよなく愛する。

時間管理および生産性に関するコンテンツ開発は、彼が二五年以上にわたって手がけてきた分野である。一九九四年には、スティーブン・R・コヴィー、A・ロジャー・メリル、レベッカ・R・メリルによるベストセラー書『7つの習慣　最優先事項』（キングベアー出版）を世に送り出したリサーチに携わった。その後の二〇年間もこの分野で研究活動を続け、今日のデジタル世界において技術革新が人々の成功に及ぼす影響に対して特に強い関心を抱いている。また、脳科学、肉体的健康、脳のエネルギーが人間の生産性および意思決定能力にいかなる影響をもたらすか、というテーマへの関心も深い。

職場の内外でさまざまな責任を担う多忙なエグゼクティブとして、適切なバランスを見つけることの難しさを実感しつつも、本書で紹介した原則を絶えず実践することによってバランスを維持しているという。家族と過ごす時間、ボランティア活動への参加、野外活動、武道の練習が彼のエネルギー源になっている。ちなみに、空手は黒帯三段の腕前だそうである。

ブリガム・ヤング大学で哲学の文学士号を、サンダーバード国際経営大学院で経営学修士号を修得し、それぞれを優秀な成績で卒業している。

●リーナ・リンネ

リーナ・リンネはフランクリン・コヴィー社上級コンサルタントとして、クライアントと連携しつつ組織の生産性向上やリーダー育成に取り組んでいる。フォーチュン一〇〇社からローカルな中小企業に至るまで、多様な組織を担当する。

国際ビジネスや高度な顧客関係管理に一五年以上の経験を有する。フランクリン・コヴィーでは一〇年間の勤務経験を有し、うち六年余りにわたって欧州、中東、アフリカ担当の国際ビジネスパートナーを務めた。二五以上のフランクリン・コヴィー認定パートナーオフィスで、経営戦略の計画立案、オペレーション支援、財務報告に携わった。また、フランクリン・コヴィーのイノベーションチームとも協働し、生産性およびリーダーシップに関する中核的ソリューションの開発・立上げに関与している。

フランクリン・コヴィーに加わる以前は、通信関連業界において経営陣の一角を担い、グローバル事業を指揮するとともに、新入・既存社員の教育研修を担当していた。

ユタ大学で経済学修士号を取得、同州ソルトレイクシティで暮らしている。

フランクリン・コヴィー社について

フランクリン・コヴィー社は、戦略実行、顧客ロイヤリティ、リーダーシップ、個人の効果性の分野において、コンサルティングおよびトレーニング・サービスを提供するグローバル・カンパニーです。顧客には、米国の『フォーチュン』誌が指定する最優良企業上位一〇〇社のうち九〇社、同じく五〇〇社の四分の三以上が名を連ねるほか、多数の中小企業や政府機関、教育機関も含まれています。フランクリン・コヴィー社は、世界四六都市に展開するオフィスを通して、一四七ヵ国でプロフェッショナル・サービスを提供しております。

トレーニング提供分野：

- リーダーシップ
- 戦略実行
- 知的生産性
- 信頼
- 営業パフォーマンス
- 顧客ロイヤリティ
- 教育

詳しくは、弊社Ｗｅｂサイト（www.franklincovey.co.jp）をご覧ください。

5つの選択

卓越した生産性を実現する

2015年11月16日　初版第一刷

著　者　コリー・コーゴン
　　　　アダム・メリル
　　　　リーナ・リンネ
訳　者　フランクリン・コヴィー・ジャパン
発行者　竹村富士徳
発行所　キングベアー出版
　　　　〒102-0075
　　　　東京都千代田区三番町5-7　精糖会館7階
電　話　03-3264-7403（代表）
URL　http://www.franklincovey.co.jp/

印刷・製本　大日本印刷株式会社
ISBN　978-4-86394-049-9